널   보낼   용기

널   보낼   용기

딸을 잃은 자살 사별자
엄마의 기록

송지영 지음

푸른숲

일러두기
- 본문의 내용 중 이름이나 지명은 가명 혹은 이니셜로 처리했습니다.
- 본문의 내용 중 일부는 전문가의 소견과 무관한 내용입니다.

영원히 열일곱일 나의 딸에게

들어가며

"어른이 되고 싶지 않아요."

중학생이던 서진이는 종종 이렇게 말했다. 가벼운 농담처럼 들렸지만, 그 말은 다가올 세상을 향한 두려움의 고백이었다. 예민하고 섬세한 마음으로 하루를 버티던 아이. 그 여린 어깨에 얹힌 삶의 무게가 얼마나 버거웠는지를 나는 너무 늦게, 그리고 너무 아프게 알아버렸다.

"그저 사춘기겠지. 입시 스트레스는 누구나 겪는 일이니까…."

고등학생이 되어 방문을 닫고 말수가 줄어든 딸을 보며, 그저 흔한 성장통이라 여겼다. 무표정한 얼굴도, 쓸쓸히 닫힌 문도 대학생이 되면 달라질 거라고 막연히 기대했다. 더 이상 나를 찾지 않고, 나에게 일상을 들려주지 않는 서진이에게 서운하고 쓸쓸하다고 투정을 부려도 아이는 차갑게 소통의 문을 걸어 잠글 뿐이었다.

"엄마, 나는 하고 싶은 게 없어요. 그냥 무기력해요."

서진이는 죽을 만큼 불안하고 우울하다는 말을 이렇게 에둘러 표현했다. 그러곤 병원에 가서 검사를 받고 싶다며 먼저 SOS를 보냈다. 그제야 나는 사춘기로 치부했던 아이의 변화가 단순한 성장 과정이 아님을 깨달았다. 심리검사 결과, 서진이는 우울증이라는 진단을 받았다. 유난히 유쾌하고 명랑한 아이가 우울증이라는 사실을 처음에는 믿을 수 없었다. 그러나 우연히 본 휴대폰 속 기록들은 아이가 얼마나 위태로웠는지를 알려주었다. 서진이의 통화 기록에는 생명의전화 번호가 있었고, 자살 방법도 검색했었다. SNS에는 죽고 싶다는 마음이 빼곡히 기록되어 있었다.

약물 치료를 시작했지만, 자살 충동과 자해 행동은 더욱 심해졌고, 우리는 병원을 옮길 수밖에 없었다. 두 번째 병원에서는 서진이가 양극성 장애 2형이라는 진단을 받았다. 우울증과 경조증이 반복되는 이 질환은 조증이 강렬히 나타나는 1형과 달리 우울증 기간이 경조증에 비해 40배나 더 길다.

아이는 이 진단을 듣고 완전히 무너졌다. 자신의 우울과 자살 충동의 이유를 알게 되었지만, 그것이 난치성 정신질환이라는 사실은 붙잡고 있던 삶의 끈마저 놓게 만든 듯했다.

"그냥 많이 힘들었어요. 행복한 순간이 많았음에도 사는 게 너무 무서웠어요."

나의 모든 것을 다 바쳐 지키고 싶었던 서진이는 결국 그렇게 별이 되었다. 나의 사랑이 제발 아이에게 닿기만을 기도했던 시간은 물거품이 되었다. 남겨진 나는 늦었지만 아이에게 다가갈 한 줄의 언어라도 찾아내고 싶었다.

우리의 이야기를 쓰는 일은 "그리워 말고 추억해 주세요"라는 서진이의 마지막 부탁에 대한 나의 응답이었다. 서진이를 잃은 슬픔으로 시작된 이 여정은 어느새 나를 아이의 마음 가까이로 이끌었다. 아이의 흔적을 따라가며 나는 서진이가 얼마나 사려 깊고 다정한 사람이었는지를 새삼 깨달았다. 세상이 무너진 자리에서도 삶은 흘러갔고 미성숙한 인간이었던 나는, 사랑을 다시 배우며 진짜 엄마가 되어가고 있다.

그럼에도 상실을 품고 살아가는 일은 끝내 완결될 수 없는 슬픔이다. 애도는 눈물로 닫히는 문이 아니라, 날마다 열어야 하는 창문과 같다. 나는 남겨진 자로서 어제보다 덜 원망하고, 오늘을 조금 더 살아내는 선택을 한다. 삶은 이런 작은 다짐들이 모여 나를 내일로 이끈다. 그 결심의 끝에서 나는 우리 가족의 비극을 우리만의 비밀로 가두는 대신, 모두의 과제로 내어놓는다.

이 책이 나와 같은 아픔을 겪은 이들과 여전히 버텨내고 있는 아이들을 보듬는 데 쓰일 수 있다면, 그것으로 충분하다.

2025년 11월

송지영

차례

들어가며 7

**1
꿈이라고 해줘요**

어떤 만남 17

꿈이라고 해줘요 23

뜨거웠던 CC, 상주가 되다 29

너의 주치의에게 너의 부고를 알리다 35

간직해도 괜찮아 41

내게도 나만을 걱정해 주는 엄마가 있다 47

내겐 과분했던 아이 54

북극곰만 보지 말고 펭귄도 봐줘요 61

2

떠나기를 결심하는 아이들

꼭 이유가 있어야 하나요 71

사춘기가 아니라 양극성 장애였다 77

잘하고 싶던 아이 86

대학만 가면 괜찮아질 거라는 말 94

신호를 알아채고 거리를 지킨다는 것 101

정신과를 찾는 아이들 109

고립되어 가는 아이들 116

왜 몰라보는 구조일까? 122

오늘도 견디고 있을 너에게 129

3
그럼에도 삶은 계속된다

새로운 질서에 맞춰 살아가는 법　139

우리만 아는 서사　145

늦은 작별　152

슬픔을 건널 때는 동행이 필요하다　157

뜻밖의 인연　163

다시, 나의 이름으로　171

절망이 지나간 자리에　179

우리는 살아가는 중이야　186

남은 자들의 연습　193

이별이 다정할 수 있다면　201

세상에서 가장 긴 편지　208

1
꿈이라고 해줘요

어떤 만남

"한번 뵙고 싶은데 괜찮으신가요?"

불 꺼진 방, 하얀 화면 위로 한 문장이 적혀 있었다.

앞이 보이지 않는 밤길, 낯선 손 하나가 불쑥 다가온 것만 같았다. 어떤 뜻으로 내민 말인지 알 수 없었다.

만나야 할까? 주저함이 새어 나가기 전에, 숨을 짧게 내쉬고 손가락을 눌렀다.

"네. 좋아요."

딸을 잃은 뒤, 나는 온라인에 글을 썼다. 되돌릴 수 없는 시간을 다시 불러내듯, 떠오르는 장면들을 하나하나 톺아보았다. 흐려지기 전에 남겨야만 했다. 내 글을 읽고 자기 이야기 같았다며 댓글을 남긴 여학생이 있었다.

따님이 저랑 너무 닮아서 울면서 읽었습니다. 저도 고등학생 때 공부가 너무 힘들었어요. 매 순간 끝내고 싶다는 생각뿐이었지만, 무서워서 실행에 옮기지 못했어요. 이상한 이야기 같으시겠지만… 사실 따님이 부러웠어요. 저는 실패했으니까요. 글을 읽으며 '우리 엄마도 내가 죽으면 이렇게 살지 않을까?'라는 생각이 들었어요. 내 마음을 알아줬으면 해서 엄마한테 이 글을 보여드리기도 했어요.

삶이 버거워 끝내 그 길을 택했던 내 딸이, 살아 있는 아이의 부러움이 되었다는 잔혹한 역설 앞에서 무슨 말을 할 수 있을까. 위로란 게, 애초에 가능한 일일까. 혼란스러운 감정을 누르며 답장을 썼다.

"수시로 밀려드는 충동과 싸우며 오늘도 살아줘서 고마워요. 100년, 1000년도 말고요. 딱 하루씩만 우리 살아가요. 가끔 소식 전해줄래요? 힘든 날에도, 조금 괜찮은 날에도. 언제라도 좋아요."

내가 보낸 답장에 그녀가 바로 응답했다.

"직접 뵙고 싶어요."

그날 밤, 댓글로 시작된 대화는 곧 만남으로 이어졌다. 이름 석 자밖에 몰랐지만 내 딸과 같은 아픔을 품고 있는 아이였다. 그녀가 간신히 내민 손을 외면할 수 없었다. 붙들어 주고 싶었다. 몇 살인지, 어디에 사는지, 왜 나를 만나고 싶은지. 궁금했지만 몰라도 괜찮았다.

없어지길 바라는 아이와 다시는 누구도 잃고 싶지 않은 엄마가 서울의 한 카페에서 처음 눈을 맞췄다. 키 크고 단단한 인상의 여학생이 씨익 웃으며 성큼성큼 다가왔다.

"안녕하세요, 이윤지예요."

"안녕하세요, 송지영입니다."

자신을 대학교 1학년이라고 소개한 윤지는 씩씩했고, 말투도 솔직했다. 한겨울이었지만, 윤지는 얼음 가득한 딸기 라테를 빨대로 저으며 해맑게 웃었다.

"글을 보면서 많이 위로가 되었어요. 큰 사건이나 계기가 없어도 우울하고 죽고 싶다는 게… 안도가 됐어요. 나만 그런 게 아니란 걸 처음 알았어요. 우리 가족처럼 별문제 없어 보이는 집에서, 왜 나만 이렇게 나약할까 계속 자책했거든요."

특별한 불행도, 큰 사건도 없는데도 삶은 계속 덜컹거렸다. 그 출렁이는 불안 속에서 그녀는 하루하루를 간신히 지나왔다. 겉으로는 알 수 없다. 저토록 맑은 눈동자가 얼마나 오래 침잠해 있었는지. 지금 이 순간에도 생의 가장자리를 위태롭게 배회하고 있을지도 모른다.

윤지는 정신병동에 입원을 반복하는 와중에도 학업을 포기하지 않았다. 장학생이라고 말하는 표정에는 자부심이 묻어났다.

"수업 끝나면 뭐해요?"

"도서관이나 기숙사에서 공부해요. 토익이나 자격증 같은 거요."

"이렇게 사는 것도 벅찰 텐데, 뭘 그렇게 계속 공부해요?"

"그러게요."

윤지도 피식 웃었다. 그 웃음 끝에 묘한 기시감이 스쳤다. 아슬아슬하게 버티면서도 안간힘을 다했던 아이. 그 마음과 몸의 엇박자가, 딸의 그림자와 겹쳤다.

"서진이도 그랬어요. 떠나기 전날까지 학교도, 학원도 한 번 빠진 적이 없어요. 흉터 치료도 받았어요."

윤지는 잔잔히 수긍하는 눈빛으로 말했다.

"둘 다 진짜예요. 놓아버리고 싶은 마음도, 붙들고 싶은 마음도. 따님도 아마 몰랐을 거예요. 어느 쪽이 더 본심인지."

윤지의 목소리는 처음보다 조금 더 낮아져 있었다. 눈이 마주치자 입꼬리를 살짝 올렸다. 그녀는 어색함을 덜어내려고 자주 미소를 걸쳤다. 그것이 윤지를 지켜내는 얇은 막처럼 보였다. 윤지와 대화를 이어가며, 영영 닿지 못할 줄 알았던 딸의 세계에 조금 가까워졌다. 다 내려놓고 싶은 충동과 이어가고 싶은 본능이 한 몸에 얽힌 삶. 포기하고 싶다는 갈망이 모든 의지를 삼켜버린 어느 날, 아이는 떠난 걸까. 숨을 아무리 들이켜도 막막했다.

윤지가 말을 이어갔다.

"엄마가 걱정돼서 끝까진 못 갔어요…. 그런데도 계속… 죽고만 싶어요."

윤지가 손톱 끝으로 컵 표면을 긁자 미세한 마찰음이 귓가를 때렸다. 옅은 미소 속엔 스산함이 묻어났다. 엄마에만 기대어 사는 그녀가 애처로우면서도 부러웠다. 윤지는 이 세상에 있으니까. 서진이도 내 마음을 알았을까. 왜, 나는 윤지 엄마처럼 서진이를 붙들지 못했을까.

아이를 잃고서야 몰랐던 사실들이 하나씩 드러났다. 서진이가 의지했던 선생님이자 내 오래된 후배 Y가 아이의 말을 전했다.

"그동안 어떻게 살아냈냐니까, 엄마 때문이래. 엄마가 따라 죽을까 봐, 옥상에 올라갔다가도 내려왔다고 했어."

이번에도 그냥 내려와주지 그랬니. 나는 네 곁에 있었는데, 우리는 왜 끝내 서로에게 닿지 못했을까. 명치끝을 누가 세게 때리는 것만 같았다.

"엄마를 그렇게 걱정하면서… 가긴 어딜 가요."

목소리가 가늘게 떨려, 말을 급히 멈춰야 했다. 윤지가 고개를 들어 나를 똑바로 바라봤다.

"자식을 잃은 엄마는 산송장이에요. 살아도 사는 게 아니에요. 그러니 엄마 곁에서 있어 주세요. 병은 꼭 나을 거예요. 조급한 마음만 내려놓으면요."

윤지는 고개를 살짝 끄덕였다. 그 의미는 읽히지 않았다.

우리는 드러난 것만 볼 수 있을 뿐, 고통을 기저까지 가늠할 순 없다. 한 가지는 분명했다. 그녀에게 엄마는 살아야 할 이유였다. 그 사랑이, 희미한 끈이 되어 그녀를 삶에 묶어두고 있었다.

"힘들 때 연락해도 될까요?"

"그럼요. 언제든 연락해요."

나는 윤지의 손을 꼭 잡았다. 차가운 손끝이 서늘하게 닿았다. 한 번 더, 힘을 주어 쥐었다.

카페 문을 나서는 순간, 칼끝 같은 겨울바람이 피부를 베었다. 서걱거리던 감정들이 심장까지 시리게 했다. 누군가를 살리고 싶은 만큼, 살리지 못한 그 밤이 되살아났다. 연기처럼 너를 놓친 그 밤이.

그날, 너는 네가 바라던 곳으로 떠났다. 나는, 너 없는 세계에 남겨졌다.

꿈이라고 해줘요

"119 안전센터에서 귀하께서 신고하신 장소로 출동하였습니다."

오전 12시 2분, 119로부터 문자가 왔다. 3시간 전에는 생애 처음 경찰서를 찾았다. 귀가 중이라던 서진이와 연락이 끊겨 실종 신고를 하기 위해서였다.

그 문자를 보는 순간 직감했다. 아이를 찾았다는 걸. 짧은 안도가 밀려왔다. 그때, 휴대폰이 울렸다. 남편이었다.

"살려주세요, 제발 살려주세요! 우리 딸 좀 살려주세요…."

남편의 울부짖음과 사이렌 소리가 전화기 너머에서 뒤엉켜 쏟아졌다. 설명이 필요 없었다. 들리지 않는 장면이 눈앞에 펼쳐지고, 보이지 않는 소리가 귓가를 때렸다. 그 모든 것이 머릿속에서 잔혹하리만치 선명했다.

발끝에서 힘이 빠져나가 차가 천천히 앞으로 굴러갔다. 있는 힘껏 브레이크를 밟았다. 인간의 심장이 그토록 빠르게 뛸 수 있다는 걸 처음 알았다.

"여보?"

"OK 마트로 와. 찾았어…."

"찾았어?"

남편의 마지막 말을 곱씹었다. 생각이 꼬리를 물고 이어졌다. 입술이 바짝 말라붙었다. 살아 있느냐고 차마 묻지 못했다. 그 질문이, 그 대답이, 모든 걸 끝내버릴 것만 같아서. 덜덜 떨리는 손으로 핸들을 간신히 움켜쥐고, 119 문자가 가리키는 곳으로 차를 몰았다. 남편이 말한 OK 마트였다. 소방차와 경찰차의 붉고 푸른 불빛이 한눈에 들어왔다.

'여기구나.' 아파트 바로 맞은편 상가였다.

불과 몇 시간 전, 버스 안이라던 서진이와 통화했다. 아이가 내릴 버스 정류장에서 기다리려고 막 나서려던 순간, 휴대폰에 낯선 번호가 떴다.

"여보세요?"

"안녕하세요, 서진이 친구 최하정입니다."

"어, 하정아. 안 그래도 서진이가 안 와서 나가려고 하던 참

이야."

"저… 서진이가 전화를 안 받아요… 저랑 전화를 하고 있었는데… 갑자기 휴대폰이 꺼졌어요…."

하정이의 목소리가 떨렸다. 곧 흐느끼는 소리가 전화 너머로 번졌다.

서진이는 기말고사를 끝내고, 하정이와 놀이공원에 간다고 한껏 꾸미고 나갔다. 남편과 나는 오전에 아이를 약속 장소까지 데려다주었다. 우리는 친구와 웃으며 걸어가는 아이의 뒷모습을 모처럼 흐뭇하게 바라보며 돌아섰다.

"하정아, 서진이랑 헤어지고 나서 연락이 안 되는 거야?"

"네…. 헤어질 때 왠지 느낌이 안 좋아서 전화했는데… 제가 그러면 안 된다고 했는데… 그만 전화를 끊어버렸어요."

"서진이가 어디 있다고 했어?"

"집 맞은편 옥상에 있다고 했어요… 어떡해요…."

가슴속에서 무언가가 차오르더니, 이내 구역질이 치밀었다.

"알겠어. 이모가 찾으러 갈게. 서진이 만나면 연락 줄게."

"네…."

통화는 담담하게 끝냈지만 심장이 오그라들어 숨조차 쉴 수 없었다.

서진이가 있다는 집 맞은편 옥상은, 아이가 다니던 스터디카

폐 건물이라고 확신했다. 아무도 없는 거리를 미친 듯이 달렸다.

"서진아!"

옥상 문을 열며 이름부터 외쳐보았지만, 어둠만 짙게 깔린 텅 빈 공간에는 아무도 없었다.

이런 날을 상상해본 적 있다. 혹시라도 아이와 연락이 닿지 않으면, 지체 없이 실종 신고를 하겠다고 다짐했었다. 당연히 그 다짐을 이행하게 될 날이 오지 않기를 간절히 바라면서.

집으로 차를 가지러 뛰어갔다. 운전대를 아무리 꽉 잡아도 손이 떨렸다. 신호등이 좀체 보이지 않았지만 더는 시간을 허비하고 싶지 않았다. 다행히 도로 위엔 차가 없었다. 본능에 몸을 맡긴 채 동네 파출소로 향했다.

"저… 딸이… 위험해요. 실종 신고하러 왔어요."

일요일 저녁, 한산하던 파출소의 정적이 깨졌다. 경찰관이 내 얼굴을 살피더니, 곧바로 무전을 날렸다. 서류에 아이 인적사항을 적으라고 했지만, 연신 손이 떨려 글씨가 흐트러졌다.

"건물 옥상을 봐주세요. 순찰차로는 못 찾아요. 옥상에 있어요. 이원 아파트 맞은편 건물 옥상이에요."

경찰관들의 무전이 분주하게 오갔다. 더 이상 파출소에서 하릴없이 기다릴 수가 없어, 다시 동네 상가 옥상으로 내달렸다.

옥상으로, 또 옥상으로. 문을 열고, 계단을 뛰어오르고, 철문을 밀어젖히며 아이의 이름을 불렀다.

텅 빈 밤공기 속으로 절규가 흩어졌다. 아무리 불러도 대답이 없었다. 한 건물, 두 건물. 더 이상 남은 옥상이 없다고 생각한 순간, 119 문자와 남편의 전화가 왔다. 그들이 동일하게 가리키는 장소는 층수가 낮아 내가 유일하게 건너뛴 건물이었다.

내게 신은 없었다. 단 한 줄기의 가호도 없었다.

소방차와 구급차, 경찰차의 붉고 푸른 불빛이 사방을 물들였다. 사이렌은 멎었고, 불빛만이 허공을 울리고 있었다. 그 아래, 적막만이 가득했다. 아무도 움직이지 않았다. 이곳은 분주해야 했다. 누군가는 달려가야 하고, 누군가는 구조해야 했다. 바빠야 할 소방관들이 철수하고 있었다. 남편은 바리케이드 바깥에 주저앉아 울고 있었다. 딸에게 가려하자, 경찰이 앞을 막아섰다.

"접근 금지입니다."

불과 20미터 떨어진 곳에 아이가 있었다. 처음이었다. 내 아이에게 가지 못한 게. 입술이 달라붙어, 비명이 삼켜졌다. 딸의 이름을 불러야 하는데. 아이에게 달려가야 하는데. 손을 뻗어야 하는데. 나는 그대로 얼어붙었다. 차갑고 무력하게.

경찰들은 나를 보더니 더욱 경계를 세웠다. 내가 울부짖으며 뛰어들까 봐. 남편이 그제야 고개를 돌려 나를 바라봤다. 그의 입술이 가볍게 떨리다 굳었다. 나는 쓰러질 듯 비틀거리며 다가오는 그를 와락 껴안았다. 우리가 할 수 있는 건, 그저 서로를 부둥켜안고 목 놓아 우는 일뿐이었다.

이게 말이 되냐고, 이거 꿈 아니냐고 우리는 묻지 못했다. 모든 말이 성대를 잃고 목구멍에서 맴돌다 사라졌다. 대신 서로의 등을 두드리며 짐승처럼 통곡했다. 배가 터질 듯 아팠다. 창자가 끊어지는 고통이 이런 걸까. 산통 같은 복통. 너를 낳을 때 배를 찢고 나오는 그 격통을 느꼈다. 너를 잃은 날, 그 산통이 다시 찾아왔다.

아가… 나의 아가….

이제 겨우 열일곱. 어리디어린 내 딸이, 정녕 스스로 몸을 건물 밖으로 내던졌단 말인가. 무수히 마지막을 상상하며 옥상을 서성이던 딸이, 그날은 돌아오지 못했다. 도무지 믿을 수가 없었다. 남편의 '살려달라'는 절규는 어디가고, 현장은 검시관을 기다리는 적막으로 잠겼다. 아무도 아니라고 하지 않았다. 아무도 꿈이라고 말해주지 않았다. 누구도 깨어나라고 불러주지 않았다. 딸의 죽음은 현실이었다. 그토록 살리려 애썼던 아이를, 결국 놓쳤다.

제발… 제발, 꿈이라고 해줘요.

뜨거웠던 CC, 상주가 되다

순식간에 세상의 공기가 바뀌었다. 색은 지워지고, 빛은 꺼졌다. 현기증이 밀려와 몸이 허공에 떠 있는 듯 아득했다. 축축하고 불쾌한 냄새만이 이곳이 꿈이 아닌 현실임을 알려주었다. 검은 옷과 흰 꽃들이 물결치듯 흐릿하게 일그러졌다.

아들 하나, 딸 하나. 세 살 터울 두 아이가 나란히 자라는 걸 지켜보는 동안, 세월은 쏜살같이 흘러갔다. 아이들이 내 키를 넘어설 무렵, 저 멀리 다 자란 모습을 상상하기만 해도 가슴이 벅차올랐다. 늘 넷일 줄 알았는데, 서진이는 가족 명단에서 스스로를 삭제했다.

내 인생은 네가 떠남과 동시에 끝났다고, 이 슬픔만큼 어두운 장례식장에 앉아 끝없이 되뇌었다. 나는 낳고 기를 줄만 알았지, 아이를 보내는 법은 배운 적이 없다.

장례 지도사가 시키는 대로 아이의 영정 앞에 밥을 올리고, 향을 피우고, 꽃을 놓았다. 이 현실이 믿기지 않아 눈을 껌뻑이다가 영정 속 아이와 눈이 마주쳤다. 교복을 입은 서진이가 봄빛처럼 웃고 있었다.

사흘간 이어진 장례는 고문이었다. 내 자식의 죽음을 무슨 수로, 어떤 말로 전할 수 있을까. 스물셋에 만나 25년을 함께한 남자는 내 딸의 상주가 되었다. 그는 핏발 선 눈으로 아이의 영정을 하염없이 바라보았다. 나는 차마 입에 담지 못한 말을 남편이 대신 꺼냈다.

"가족들의 슬픔이 헤아릴 수 없이 깊어, 조문을 정중히 사양합니다."

조문을 거절했지만, 올 수밖에 없는 이들이 있었다. 우리 부부의 시작을 지켜본 대학 동창들이 제일 먼저 왔다. 서진이가 자라는 모습을 함께 본 사람들이었다. 우리는 부둥켜안은 채 애꿎게 서로의 등만 수없이 두드렸다. 젖은 눈으로 서로를 바라봤지만, 더 이상 아무 말도 할 수 없었다.

우리는 70년대에 태어나 90년대에 대학을 다녔다. 2000년대생 자녀들을 키우며 부모라는 이름으로 같은 시절을 건너왔다. '열심히 살아야 한다'는 말을 공기처럼 마시면서 앞만 보고 달려왔다. 대학을 가고, 취업을 하고, 결혼을 하고, 아이를 낳고… 하나씩 도장 깨듯 과업을 완수해야 성공이라 믿었다.

적막이 감도는 장례식장. 퉁퉁 부을 대로 부어 감기지 않는 눈앞에, 모두가 스물셋이던 그때의 우리가 겹쳐졌다. 인생이 가장 가혹하게 꺾인 이 순간, 가장 두려움 없던 우리의 시작이 되살아났다.

남편과 나는 캠퍼스 커플이었다. 나는 3학년 때, 호주 어학연수를 다녀온 뒤 복학했다. 1년의 공백은 생각보다 컸다. 동기들은 취업 준비로 바빴고, 그들 속에서 나는 이방인처럼 부유했다. 적응하지 못하고 떠돌던 내 앞에, 큰 키에 우수 어린 복학생 선배가 나타났다. 그 시절, 갓 유행하기 시작한 롱패딩을 휘날리며 오토바이를 타던 말 없는 공대 선배가 내 눈엔 꽤 근사해 보였다. 그땐 콩깍지가 제대로 씌어 그를 영화 〈비트〉 속 정우성처럼 우러러봤다. 눈치 빠른 후배 녀석이 낌새를 알아챘다. 내 생일날, 여럿이 모이는 자리가 만들어졌다. 생일 선물로 '일일 노예권'을 준다는 후배의 말에, 상자에서 종이 한 장을 뽑았다. 거기 쓰여 있던 이름이 남편이었다.

떠밀리듯 시작된 연애는 소위 '밀당'도 없이, 그날부터 이어졌다. 공학도와 인문학도의 만남은 의외로 궁합이 썩 괜찮았다. 그길로 내내 붙어 다니며 졸업과 취업, 그리고 미래까지 물 흐르

듯이 그려나갔다. 그때는 몰랐다. 순조롭기만 했던 시작이, 언젠가 이렇게 가혹한 상실 앞에 멈춰 설 줄은.

꿈꾸던 대로 5월의 신부가 되어, 4년 열애의 결실을 맺었다. 결혼 후의 삶도 순탄했다. 아들 귀한 집에 첫 손주로 아들을 안겨 드렸고, 둘째는 꼭 딸이었으면 하는 바람대로 서진이가 선물처럼 찾아왔다. 심장이 간질거릴 만큼, 모든 걸 다 가진 기분이었다. 첫째를 키울 때는 서툴렀지만, 서진이는 잘 먹고, 잘 자고, 잘 놀아 수월했다. 작은 손으로 내 손가락을 꼭 쥐고 밤이면 보송한 냄새를 풍기며 내 품에 폭 안겨 스르르 잠들던 아기. '이 아이가 없었다면 어떻게 살았을까?' 늘 생각했다. 나를 쏙 빼닮은 딸이 세상에 있다는 것만으로 든든했다.

서진이를 낳은 후 좋은 일이 연달아 찾아왔다. 더 넓은 집으로 이사했고, 남편은 주재원 발령을 받았다.

"넓은 세상에서 아이들을 키우자." 결혼 전, 남편이 내게 했던 약속이었다. 아이들이 조금 더 자유롭게, 다양한 경험을 하며 자라길 바라는 마음이었다. 그의 말대로 우리는 두 차례 해외 주재원 생활을 하게 됐다. 아이들은 인생의 절반을 낯선 땅에서 자랐고, 내 삶도 새로운 길의 연속이었다. 남편과 사소한 일로 부딪칠 때도 있었지만, 삶을 뒤흔들 만큼의 심각한 위기는 아니었다. 이만하면, 남부럽잖게 잘 살아왔다고 믿었다.

최선을 다하면 끝은 다정할 줄 알았다. 하지만 삶은 기대를 배신했다. 한 땀 한 땀 정성을 다해 쌓아올린 가정은 막내의 죽음이라는 거센 파도 한 방에 모래성처럼 허물어졌다. 혼신의 힘을 다해 지키려 했어도 허망하게 아이를 잃으면, 대체 무엇을 위해 살아가야 한단 말인가.

정성으로 키운 아이는 결국 다 잘된다고들 했다. 부모의 사랑이 자식을 감싸안아, 어떤 어려움도 반드시 견디게 해줄 거라 했다. 이 말은 거짓이었다. 사랑으로 키워도, 아이는 떠났다. 우리는 늘 아이 곁에 있었지만, 아이가 기댈 부모가 되지는 못했다. 온 마음을 기울여도 끝내 아이의 아픔 속으로 들어가지 못했다. 병을 알게 되었지만, 낫게 해주진 못했다.

"우리 딸이 봄꽃같이 어여뻐 하늘이 시샘했던 걸까. 그렇지 않고서야 이렇게 일찍 너를 데려갈 수는 없다. 네 몸만큼 무거웠던 가방을 메고 다니는 게 애처로웠다. 이제 그 짐 모두 내려놓고 네가 올려다보던 구름 위에서 편히 쉬길."

남편의 추도사는 발인식장을 통째로 울리고 끝이 났다.

자식을 잃은 부모의 가슴은 다 타버린 재와 같다. '과부', '홀아비', '고아' 같이 상실을 지칭할 단어조차 없다. 우리는 함께 아이를 품고 키웠고, 우리 손으로 떠나보냈다. 이 상흔도, 이 기억도 온전히 둘만의 것이다. 그 누구도 대신할 수 없고, 헤아릴 수도 없는 깊은 연대가 우리를 붙들고 있었다. 우리는 서로의 위로였다.

나의 세상이었던 가족, 사랑해요. 많이 보고 싶을 거예요. 그렇지만, 그렇지만 부디 천천히, 오래 행복하게 지내다 오세요. 온 맘 다해 사랑해요.

마지막 인사를 남기고, 서진이는 떠났다. 내 세상도 함께 사라졌다. 네가 가버릴까 봐 무섭고 두렵다고, 솔직하게 말이나 해볼걸. 네 앞에서 엄마 두고 가지 말라고 울어나 볼걸. 더 많이 안아주고, 부족한 엄마라서 미안하다고 사과할걸.

한여름의 날씨마저 싸늘하게 얼어붙인 비통함 속에서도 처리해야 할 일들은 한 겹 한 겹 무심히 쌓여갔다. 어린아이가 떠난 거라 직원들조차 말을 아끼며 조심스러운 어투로 절차를 물었다. 그 현실적인 대화들은 이 비극과 극도로 어울리지 않아 허허로웠다. 나는 절망의 한가운데에서도 국과 안주를 정하고, 상복을 맞춰야 했다.

"돼지고기는 대짜로 하시겠습니까?"

그 질문에, 삶이 원래 이렇게 초라하고 덧없는 것이었나 싶어 헛웃음만 흘러나왔다.

너의 주치의에게 너의 부고를 알리다

　장례가 끝났다. 서진이가 없어도 세상은 조금도 흐트러지지 않았다. 거리의 풍경이 현실감 없이 이어졌다. 그때 한 가지 생각이 스쳤다. 서진이의 주치의에게 부고를 전하고 싶었다. 수면제든 불안을 가라앉히는 약이든 뭐라도 받아 와야 할 것 같았다. 남편도 그렇게 하자고 제안했다.

　정신과 진료는 예약 없이 어렵지만, 아이가 다니던 병원이라면 받아줄 거라 확신했다. 예상대로 우리를 맞아주었다. 넷에서 셋이 되어버린 가족. 남편과 나, 그리고 아들은 딸의 주치의를 만나러 갔다. 병원으로 향하는 길은 익숙했지만, 서진이 없이 가는 길은 생경했다. 차 안에서 누구도 말을 하지 않았다.

　나무 정신건강의학과. 매주 금요일이면 서진이가 학교 외출증을 끊고 찾아오던 곳이다. 이젠 서진이 없이 보호자들만 들어

섰다. 대기실의 후텁지근하고 답답한 열기가 얼굴을 덮쳤다. 학군지에 있는 병원답게 이곳은 여느 때처럼 교복을 입은 학생들로 가득했다. 이곳을 오가며 알게 되었다. 놀라울 만큼 많은 아이들이 말없이 병들어 가고 있다는 걸.

"김서진 보호자님."

아이의 이름 대신 보호자로 불렸다. 진료실 문을 열자, 잔뜩 긴장해 보이는 의사 선생님과 눈이 마주쳤다. 서진이와 함께 들어서던 그 방에, 우리는 눈물이 그렁그렁해진 채 아이 없이 마주했다. 의사 선생님은 자리에서 일어나 우리를 맞았다. 무거운 표정이었지만 우리를 보고 안도하는 기색도 비쳤다. 예상치 못한 첫마디가 흘러나왔다.

"죄송합니다. 제 잘못입니다."

당혹감이 묻어난 눈동자가 가늘게 떨렸다. 미세한 흔들림을 품은 목소리가 천천히 이어졌다.

"정신과 의사들도 환자들을 잃는 경험을 하지만… 저는 서진이가 처음입니다. 소식을 듣고 밤을 지새웠습니다. 더 잘 지켜봤어야 했는데… 죄송합니다."

뜻밖의 말에 나는 몸이 굳어버렸다. 입술을 달싹여 보지만, 어떤 소리도 새어 나오지 않았다. 의사들은 이런 자리에서 책임을 회피하는 존재라 생각했는데, 그 편견이 서글프게 깨졌다.

옆에 있던 남편이 낮은 목소리로 물었다.

"항우울제를 왜 마지막에 쓰셨나요?"

전혀 예상치 못했던 남편의 질문에 순간 공기가 얼어붙었다.

"저를 탓하셔도 괜찮습니다."

의사 선생님은 기다린 질문처럼 담담히 말했다. 약에 대한 언급은 따로 없었다.

"그걸 물으러 온 건 아니에요, 선생님. 아이 학교가 있던 이곳 생활을 정리하고 이제 집으로 돌아가야 해서요. 당장 어느 병원으로 가야 할지도 모르겠고… 선생님밖에 생각이 안 났어요."

내 목소리는 바닥 깊은 웅덩이에서 말하는 듯 웅웅댔다. 우리는 서로의 붉어진 눈을 응시했다.

"잘 오셨어요. 못 뵈었다면 저도 많이 힘들었을 거예요. 언제라도 오시면 됩니다."

나는 그 누구도 원망하지 않았다. 잘못은 모두 내 몫이라 여겼다. 엄마인 나조차 지켜내지 못했는데, 누구를 탓할 수 있을까. 나 역시 마지막에 처방된 약이 마음에 걸리지 않았던 건 아니다. 만 19세 미만 청소년에게 항우울제를 쓰면 자살 충동이 높아질 수 있다는 사실은 알고 있었다. 그 부작용 때문에 그동안 쓰지 않앉던 약이었다. "너무 가라앉아 있어서 써본다"는 말이 그때도 마음이 걸렸지만, 이유가 있겠거니 하고 넘겼다. 여섯 달 동안 맞는 약을 찾지 못했는데, 단 한 번의 처방이 아이를 바꿔버렸다고는 차마 믿을 수 없었다.

우울과 들뜸이 교차하는 양극성 장애 2형. 아이의 에너지는 질환의 신호였을까, 원래 타고난 성향이었을까? 나는 끝내 구분할 수 없었다. 그러나 이 역시 삼켰다. 모든 질문은 서진이가 떠나기 전에 했어야 했다. 의사 선생님은 그 처방을 후회하는 걸까. 아니면 입원이나 다른 조치를 하지 못한 것을 탓하는 걸까.

종합병원은 임상이 더 풍부하고, 약물 선택지도 다양하다고 했다. 주위의 조언을 듣고, 새 병원 진료를 받기 위해 4개월을 기다렸다. 마침내 다음 주가 첫 진료일이었지만, 서진이는 그 시간을 피하듯 떠나버렸다. 더는 병원에 가고 싶지 않다는 듯이.

"선생님. 다 운명이겠지요."

운명이라는 말은, 머리로는 도저히 이해되지 않는 인생의 변곡점을 억지로 받아들여야 할 때 나오는 말일까. 누군가 삶의 끝을 운명이라 부를 때, 그 말이 잔인하게 들렸다. 그런데 이제 나도 그렇게 부르고 있었다.

"선생님 덕분에 그동안 버틸 수 있었어요. 감사했습니다."

진심이었다. 의사와 환자 사이에 생겨야 할 신뢰와 유대가 그녀와 나 사이에 먼저 맺어졌다. 그게 내 판단을 흐리게 했을지도 모르겠다. 병원에 다니는 동안 나는 그녀에게 내 모든 걱정과 두려움을 털어놓으며 하루하루를 버텼다. 진료실을 나설 때면 어떻게든 한 주를 더 살아낼 힘이 생겼다.

의사 선생님은 자신의 아픈 유년기를 서진이에게 들려주기도 했다. 어머니가 삶을 끝내려 했던 이야기. 그 시절, 어린 딸로서 지켜볼 수밖에 없었던 기억과 관계의 상흔까지. 삶이 던진 시련들을 어떻게 견뎌냈는지, 자신의 이야기를 꺼내며 서진이의 마음을 돌려보려 했다. 다른 병원에서 경험하지 못한 진심이 이곳엔 있었다. 하지만 서진이의 마음을 열 수는 없었다.

"외람된 말씀입니다만, 자살을 막기 위해 환자를 입원시키는 보호병동에서도 죽음은 일어납니다. 환자가 삶의 의지를 완전히 놓아버린 순간에는… 막을 방법이 없습니다. 서진이가 그랬습니다."

조심스레 말을 잇는 그녀의 눈빛은 단호했다. 막을 방법이 없다는 그 한마디에, 운명이라는 단어가 다시 가슴을 치고 지나갔다.

"어머니, 정말 애쓰셨어요. 어머니처럼 노력하는 분은 없습니다. 진심이에요. 서진이는 지키지 못했지만, 가족은 꼭 지켜드리고 싶습니다."

딸을 놓친 엄마가 듣기엔 숨통을 죄는 말이었다. 내가 자책의 무덤에서 허우적거릴 걸 알고 건네는 위로임을 안다. 나의 몸부림을 가장 가까이에서 지켜본 그녀의 말이기에, 믿고 싶었다. 냉혹한 결말이 모든 분투를 무력하게 만들었지만, 아이를 살리기 위해 사력을 다했던 보호자와 의사의 시간이 이곳에 선명히 남았다.

"꼭, 소식 전해주세요."

의사 선생님이 우리 가족, 특히 나의 안녕을 진심으로 바라고 있는 게 느껴졌다. 대답 대신 눈인사만 남기고, 진료실을 나왔다.

손에 들린 약 봉투를 내려다보았다. 서진이를 붙들지 못한 약이, 이제 우리의 밤을 진정시키기 위해 내 손에 들려 있었다. 인생은 이렇게 아이러니의 연속이다. 그토록 미웠던 약이 필요한 밤이 계속되었다.

간직해도 괜찮아

 친정에 도착하자, 발걸음은 저절로 서진이 방으로 향했다. 어느새 방 안은 낯선 공간이 되어 있었다. 책상 위를 가득 채우던 책과 필기구, 창가에 줄지어 서 있던 인형들, 빼곡하게 붙어 있던 메모들까지 모두 자취를 감췄다. 불과 며칠 전까지만 해도 아이의 향기로 가득하던 곳엔 텅 빈 고요만이 감돌았다. 주인이 떠난 순간, 방도 생명을 잃은 걸까. 가만히 서 있는데, 울분인지 슬픔인지 알 수 없는 감정이 속을 헤집었다.

 "그 무거운 책들을 혼자 치운 거야?"

 허리도 성치 않은 엄마가 그 많은 짐을 혼자 치웠다니 안쓰러웠다. 그보다 더 크게 다가온 건, 아이의 흔적이 내 손을 거치지 않고 사라져버린 상실감이었다. 두 감정이 엉켜, 목소리에 날이 서 있었다.

"사람도 버리고 사는데, 그깟 거 뭔 대수라고."

엄마의 무심한 말에 목이 메었다. 내가 정리하고 싶었다고 말하려다 삼켰다.

"네가 서진이 물건을 보면 버틸 수가 있겠나. 내가 미리 치우는 게 낫지."

담담한 말투였지만 엄마의 끝말에 젖은 울음이 배어 있었다. 내 자식 눈에 눈물 날까 뭐라도 해야 하는 게 모정이니까. 그 마음을 모를 수 없었다.

집으로 돌아가는 길이라 믿었던 한국행은 딸과 헤어지는 귀향길이 되고 말았다. 우리 가족은 남편의 두 번째 주재원 파견으로 2019년부터 해외에서 살았다. 서진이는 국제학교에서 학창 시절을 보냈다. 한국에서 다닌 학교는 초등학교 4년이 전부였다. 아이는 한국에서 대학에 가길 원했고, 그에 맞춰 고등학교 진학을 준비해야 했다.

중학교 3학년 가을, 남편의 귀임을 1년 앞두고 나와 서진이는 먼저 한국으로 들어왔다. 4년마다 한 번씩 나라를 옮기며 살아온 삶이라, 어느 도시에 살든 '내 집'이라는 감각은 희미했다. 낯선 도시에 단둘이 살아야 한다는 막막함에, 남편과 아들이 귀국할 때까지 친정에서 지내기로 했다. 서진이는 외할머니 집에서 사는 걸 달가워하진 않았지만, 한국에 오면 늘 머물던 곳이라 그럭저럭 적응했다. 기숙사가 있는 학교였기에 오래 집에 있을 일도 없었다. 예상과 달리, 남편이 돌아온 뒤에도 서진이는 학교를 옮기려 하지 않았다.

"더 이상 전학하고 싶지 않아요. 학교도 괜찮고, 친구들도 좋아요. 그냥 여기서 다닐래요."

아이의 단호함에 난감했다. 입시에 지친 아이에게 다시 전학을 강요하는 것은 부모의 이기심처럼 느껴졌다. 아들은 기차를 타고 두 집을 오가는 내가 안타까웠는지, 동생에게 툭 내뱉었다.

"그냥 올라와서 다녀. 너무 무리잖아."

서진이는 눈길도 주지 않고 짧게 답했다.

"싫은데."

그 한마디엔 더는 여지가 없었다. 우리는 아이의 결정을 따랐다. 졸업까지 친정에 지내면서 두 집을 오가기로 했다. 아이가 원하는 대로 했지만, 결과는 참혹했다.

나는 서진이가 없는 방에 서서 아이가 앉았던 자리를 쓸어보았다. 손끝엔, 주인을 잃은 쓸쓸한 적막만 맴돌았다. 얼마 전에야 작은 책상 대신 넓은 걸로 바꿔주었는데, 그렇게 좋아할 줄 몰랐다. 친구들과 영상통화를 켜놓고 책상에 앉아 공부하던 모습을 이제는 기억 속에서만 볼 수 있다.

망자의 물건을 불태우던 시대에 살았던 엄마와 달리, 아들은 버리려 내놓은 물건들 속에서 동생의 필기구와 노트를 챙기고 있었다.

아들은 고개를 들지 않은 채 말했다.

"간직하고 싶어서요."

그 말이 내겐 "기억하고 싶어서요"라고 들렸다.

엘리자베스 퀴블러 로스는 《상실 수업》에서 말했다. 충분히 강해졌다고 느낄 때 유품을 정리하라고. 그것은 그 사람이 이곳에 없다는 사실을 받아들이는 과정이라고 했다. 아직 버릴 때가 아니라고 느껴진다면, 간직해도 괜찮다고.

나는 서진이가 끝까지 손에서 놓지 않았던 만년필과 아이패드, 에어팟을 간직했다. 음악으로 슬픔을 달래고, 아픔을 기록하며 아이가 붙들던 물건들이었다. 이제는 내게 글을 써보라는 작은 신호 같았다. 세뱃돈으로 사놓고 한 번도 입지 못한 라이즈 오빠들의 후드티도 챙겼다. 겨울이 오면 아이가 아끼던 반려견 해리와 산책할 때 입으려고 고이 접어두었다.

나는 서진이의 카카오톡과 인스타그램을 하나씩 정리해 갔다. 인스타그램을 삭제하는 일만큼은 쉽게 결정할 수 없었다. 서진이는 〈remember me〉를 직접 부른 영상 하나만 남겨뒀다. 아이에게 잊힌다는 건 가장 큰 슬픔이었다. 석양을 비춘 그 노래는, 세상에 남기고 싶었던 단 한 줄의 진심 같았다.

이렇게 간절히 기억되고 싶은데, 어쩌다 이토록 밀어져 버렸니, 아가.

서진이는 아픈 마음을 꼭꼭 숨겼다. 비공개 계정에만 감정을 쏟아냈다. 기억되고 싶은 마음과 감추고 싶은 아픔이 엇갈리던 공간에서 나는 한참을 망설였다. 정말 이 계정들을 지워도 되는 걸까. 하늘에서 아이가 나를 원망하지 않을까. 시간이 흐르면 아무도 찾지 않는 유령 계정이 될 게 뻔했다. 더 두려운 건 서진이 친구들의 삶을 보면서 없는 아이를 떠올리고 아파할 나였다. 손가락이 삭제 버튼 위에서 떨리다 결국 눌렀다. 화면에서 아이의 흔적이 사라졌다. 딸을 한 번 더 잃은 기분이었다.

서진이가 떠난 후, 한 달은 사진을 차마 볼 수 없었다. 아이를 떠올리게 하는 것들에서 도망치고 싶었다. 그렇다고 모든 걸 지워버릴 순 없었다. 지금은 아니더라도, 언젠가 보고 싶을 날이 올 테니까.

얼마쯤 지나, 나는 서진이의 사진을 모아 비공개 인스타그램에 사진을 올렸다. 가족들만 공유할 생각이었는데, 아이의 친구들이 속속 찾아와 팔로우했다. 서진이를 그리워하는 사람들의 비밀 모임이 만들어졌다. 그 연대감은, 언 살갗을 녹이는 온기 같았다. 서진이의 친구들은 나에게 사진을 하나둘 보내주었고, 그렇게 쌓인 게시물이 어느새 400개를 넘겼다. 사진을 올리며 서진이와 함께했던 순간을 다시금 살아냈다. 가족들과 친구들에 둘러싸여 웃던 그 모습들. '까르르' 웃던 아이의 웃음소리가 사진을 뚫고 나와 나를 감싸는 것만 같았다. 서진이의 삶이 또렷하게 보였다. 아이의 날들은 흐림보다는 맑음이, 눈물보다는 노래가 더 많았다는 걸.

그렇게 나는, 딸의 유품 정리사가 되었다. 버릴 것은 버리고, 남길 것은 남겼다. 끝내 메워지지 않을 이 공백이 어디까지 이어질지 알 수 없었다.

내게도 나만을 걱정해 주는 엄마가 있다

　많은 자살 유가족들은 사랑하는 이를 떠나보낸 뒤, 이사를 결심한다. 특히 집이 고인이 마지막을 맞은 공간이라면, 그곳은 더 이상 예전처럼 편안한 보금자리가 되지 못한다. 남겨진 가족들에게 집은 마지막 모습을 목격한 장소로 남아, 그날 이후로 슬픔이 깃든 공간으로 변해버린다. 평범했던 날들로 돌아가는 일은, 유가족에게 허락되지 않는 일처럼 느껴진다.

　서진이는 그것까지 고려한 걸까. 적어도 친정만큼은 나에게 안식처로 남겨두고 갔다. 2년여의 친정살이를 마무리하고 집으로 돌아가야 할 때가 되었다. 남편이 귀임한 뒤, 아들과 둘이 지냈던 그 집에는 아이의 흔적이 애초에 없었다. 방학에 잠깐 올라와 보낸 크리스마스가 전부였다. '내 집으로 돌아간다'는 말은 내겐 또 다른 이사와 다름없었다.

엄마는 달랐다. 냉장고 문을 열던 서진이의 모습, 샤워할 때 흥얼거리던 노랫소리가 아직도 생생하다고 했다.

"환시 같은 거야?"

"그런 게 아니고… 보고 싶어서 자꾸 어른거리는 거지. 네가 서진이 걱정할 때도, 난 괜찮아질 거라 믿었어. 우리 집안엔 그런 불상사는 절대 없을 거라 장담했잖아. 네 속이 다 타들어 가는 것도 모르고… 병을 너무 몰랐어…."

엄마는 서진이를 잃고서야 알았다. 서진이의 병은 의지로 극복할 수 있었던 게 아니란 걸. 병을 겪는 것과 아는 것은 전혀 달랐다. 우리는 그 사실을 비극이 지나간 뒤에야 깨달았다.

엄마는 내 걱정에 당신의 슬픔을 돌볼 겨를도 없었다. 그런 엄마도 매일이 버거워 보였다. 가슴이 심하게 울렁거린다고 했다.

"수면제만이라도 받아와요. 밤에 잠 못 자면 병 돼요."

엄마는 천천히 고개를 끄덕였다. 우리 가족 다음으로 엄마는 서진이의 주치의를 홀로 찾았다. 나에게는 수면약을 받으러 간다고 했지만, 알고 싶었던 게 따로 있었다. 엄마는 끝내 물었다. 우리 서진이가 왜 그렇게 된 건지 솔직하게 말해 달라고. 현대의학으로는 정말 고칠 수 없는 병이었냐고. 학교생활도 잘했고 집안 형편이 어려운 것도 아니었던 아이에게 어떻게 이런 일이 일어날 수 있냐고.

참아오던 울분이 엄마의 가슴을 뜨겁게 채웠을 것이다.

다음에 오시면, 이 약을 먹고 마음이 누그러지면 그때 말씀드리겠다고 의사 선생님은 말했을 테지만, 그냥 단념할 엄마가 아니었다.

"한 가지 확실한 건, 서진이의 병이 평생 갈 수도 있는 힘든 병이었다는 점입니다. 더욱이 서진이는… 살려는 의지가 없었어요. 충동 조절이 가장 큰 문제였습니다. 삶을 붙들고자 하는 환자는 약으로 조금씩 좋아지지만, 이미 마음을 놓아버린 환자는 정말 어렵습니다."

의사 선생님의 말을 들은 순간, 엄마는 이상하게도 후련했다고 했다. 집에 돌아온 엄마는 안도인지 쓸쓸함인지 모를 목소리로 말했다.

"그렇게 힘든 병이었으니… 이제 받아들여야지."

엄마의 눈가가 젖었다. 그건 체념의 눈물이 아니었다. 마음으로 받아내고 보내야만 하는, 아픈 용기였다.

나는 서진이를 놓친 현실 앞에서 끝없이 같은 물음을 돌렸다. 이 진단이 정말 옳았을까, 아니면 내가 감당하지 못했던 걸까. 첫 병원은 우울증이라 했고, 두 번째 병원은 양극성 장애 2형이라 했다. 6개월 넘게 약을 바꿔가며 진료를 받았으나, 아이의 고통을 조금도 덜지 못했다. 아이를 데리고 간 병이 무엇이었을까 되짚어 보지만, 그 물음이 가닿지 못할 만큼 서진이는 멀어져 있었다.

어수선한 마음을 누르고 짐을 쌌다. 두 해 동안 내 삶을 붙잡아준 이 집을 떠날 시간이 다가왔다. 엄마는 방 안을 정리하는 나를 말없이 지켜봤다. 가방을 닫고, 마지막으로 친정집 구석구석을 눈에 담았다.

"곧 다시 올게요."

엄마는 짧게 숨을 들이쉬더니, 눈빛으로 나를 끌어안았다. 우리는 서로에게 눈물을 보이지 않으려 서둘러 인사를 나눴다. 차가 출발하고, 창밖으로 멀어지는 엄마의 모습이 흔들렸다. 멀어질수록 억누르던 눈물이 하염없이 흘러내렸다.

미처 다 전하지 못한 미안함과 고마움을 담아 엄마에게 메시지를 보냈다.

엄마.

제 세상엔 늘 엄마가 있어 두려울 게 없었어요.
엄마가 지켜주는 세상은 늘 든든했어요.

저는, 정작 제 아이한테 그런 엄마가 되지 못해서
항상 미안하고 아팠어요.
우리가 함께한 지난 2년,
어떻게 슬픔만 있었겠어요.
엄마랑 함께했던 무수한 산책, 식사, 나들이
그 모든 순간이 저를 살게 한 따뜻한 일상이었어요.
우리들의 동고동락, 그리울 거예요.

이제 제 걱정은 조금 내려두시고, 엄마도 편안히 지내주세요.
저는 남편도, 아들도 있잖아요.
결국 괜찮아질 거예요.
덤덤히 견디다 보면 3년 가고, 10년 가고
그렇게 가슴속에 묻혀가겠지요.

남은 가족들 잘 챙길게요.
용기 내어 살아볼게요.
이 슬픔이 마르고, 다시 웃을 수 있는 날이 오게
서로를 아끼며 살게요.

엄마가 괜찮으면 저도 괜찮아요.

엄마도 그렇겠지요.

엄마가 기댈 수 있도록 제가 더 단단해질게요.
보란 듯 살아낼게요.

사랑해요.
이제 딸 걱정은 그만해요.

방금 헤어졌는데 벌써 엄마가 그리웠다. 혼자 계실 생각에 불안이 스며든다. 내가 가야 엄마도 엄마만의 여유로운 노년으로 돌아갈 수 있다. 눈물이 채 마르기 전에, 엄마에게 답장이 왔다.

사랑하는 내 딸, 지영아.

우리가 함께한 시간은
엄마에겐 선물 같은 시간이었어.
너는 항상 자랑스러운 딸이었단다.
내 딸이어서 늘 감사했어.

넌 마지막까지 최선을 다한, 훌륭한 엄마였어.

서진이도 알 거야.
얼마나 정성을 다하고 마음을 졸였는지.
얼마나 사랑하고 아꼈는지.
이제 가슴에 묻고 잘 보내주자.

우리에게 나비처럼 잠시 왔다가
아름다운 흔적을 남기고 간 아이,
밝고 사랑스러웠던 꽃으로 기억하자.

다음에 만날 땐 지금보다 훨씬 편안한 모습으로 만나자.
사랑한다, 내 딸.

    얼어붙은 어둠의 장막을 녹이는 어머니의 태양이 내 상처를 어루만진다. 나에게도 나만을 걱정하며 온종일 기도하는 사람이 있다. 자식을 잃은 어미를 일으켜 세우려는 또 다른 모정이 눈물로 호소한다. 사랑한다고. 이 삶도 살아내라고. 너는 할 수 있다고.

내겐 과분했던 아이

믿을 수 없는 일을 겪고 돌아왔는데, 집은 아무 일도 없었던 듯 평온하기만 했다. 거실에는 익숙한 향이 흐르고, 창밖 풍경도 태연하게 자리를 지키고 있었다. 부서진 건, 집도 일상도 아니었다. 나였다.

서진이의 소멸은 우리 가족에게 천체 충돌 같았다. 모든 것이 한순간에 뒤집혔고, 남은 시간은 메마른 들판처럼 텅 비어 있었다. 우리 셋은 멈춘 시계의 바늘처럼 그 자리에 붙들려 있었다. 남편과 아들, 그리고 나는 더 자주 서로를 안았다. 포개진 품속에서 살아 있는 온기에 의지하듯이.

하지만 누군가 크게 우는 모습을 본 적은 없다. 서로의 슬픔이 얼마나 깊은지 알아서였을까. 아니면, 애초에 감정을 쉽게 드러내지 않는 사람들이라서일까. 분명한 건 우리는 쓰러지지 않기 위해 각자 보이지 않는 전쟁을 치르고 있었다는 사실이다.

감정이 버거워질 때면 책을 펼쳤다. 죽음, 상실, 애도에 관한 책을 닥치는 대로 읽었다. 나와 비슷한 고통을 지나온 이들의 문장에서라도 살아갈 단서를 찾고 싶었다. 하지만 《해리 포터》 속 '볼드모트'처럼 차마 입에 올리기 힘든 말이 있었다.

자살.

이제 내 삶에서 떼어낼 수 없는 금기가 되었다. 그 단어를 듣거나 말해야 하는 상황이 오면, 배가 뒤틀리고 심장이 날뛰었다. 그 말은 심연에 가라앉아 있는 고통을 단숨에 불러내는 검은 주문이었다. 그런 내가, 이름조차 꺼내기 싫었던 자살예방센터의 문을 두드렸다.

"아버님, 많이 힘드실 텐데, 가족들과 함께 상담 한번 받아보시죠. 저도 이혼 문제로 어려울 때 정신건강복지센터에서 상담 받고 도움이 많이 되었습니다."

그날을 담당했던 형사가 개인사까지 밝히며 남편에게 센터를 권하지 않았더라면, 우리는 그곳을 찾지 않았을지도 모른다. 나를 포함해 가족 모두가 상담을 받기 시작했다. 모두가 같은 마음으로 이 시련을 건너려 한다는 사실만으로 조금은 위로가 되었다.

센터에 들어서자 '울음방'이라 적힌 문패가 먼저 보였다. 안에서 낮은 흐느낌이 새어 나왔다. 그 앞을 지나 각자 배정된 상담실로 향했다. 어떤 말은 위로가 되었고, 어떤 조언은 희미한 방향이 되어주었다. 짧은 대화만으로도 절벽 끝에서 한 발짝 물러선 기분이었다. 아들은 상담사와 나눈 말을 전해주었다.

"지금부터 100일간은 어떤 일이 일어나도 이상하지 않대요. 갑자기 길 가다가 주저앉아 울 수도 있고, 못 보던 나를 마주할 수도 있다네요. 우울증이 심하면 암 말기처럼 치료가 어렵대요. 서진이의 병을 이해해야 그 결정도 이해할 수 있다고 했어요."

그 이야기를 듣고, 서울아산병원 정신건강 칼럼을 다시 찾아 읽었다. 서진이를 놓친 후, 자살에 관한 글이라면 빠짐없이 읽어왔는데 그날만큼은 문장 하나하나가 다르게 다가왔다.

> 중요한 것은 자살이 고인의 자발적 의지에 의한 행위였다기보다는 병의 과정에서 나타나는 '하나의 심한 증상'이었을 가능성이 더 높다는 점을 인지하고 받아들이는 것이다. 이를 통해 조금이나마 죄책감과 수치심을 덜어내고, 그가 자살한 이유에 집착하기보다는 어떻게 그가 살았었는지를 생각하고 돌아보는 시간을 가지려고 노력하는 것이다.[*]

알면 알수록 더 혼란스러웠다. 자살은 복잡한 고통의 미로 같았다. 수술로 나을 수 있는 병과 달리 그 본질에 닿는 것조차 불가능해 보였다. 휴대폰을 열어 '자살 유가족'을 검색했다.

> 삼성서울병원 전홍진 교수 연구팀은 2022년 발표에서 자살로 가족을 잃은 이들의 자살률이 일반 인구보다 20배 이상 높았다고 밝혔다. 남겨진 이들이 스스로 생을 포기하기까지 걸린 시간은 평균 25개월이었다.✢✢

모르는 편이 더 나았을까. 가족이 스스로 생을 마감하면, 남겨진 사람들도 같은 벼랑 끝으로 내몰린다. 앞으로 견뎌야 할 생존이 얼마나 험난할지 알게 되자 불안이 내 안을 잠식했다. 자살예방센터의 애도 상담만으로는 부족했다. 트라우마 치료와 심리상담을 받을 수 있는 다른 기관을 찾았다. 상담을 시작하고 한 달쯤 지나서 상담사가 물었다.

✢ 윤소영, 〈가까운 사람의 자살로 인한 슬픔〉, 서울아산병원 정신건강의학과 정신건강이야기 정신건강 칼럼(https://www.amc.seoul.kr/asan/depts/psy/K/bbsDetail.do?pageIndex=6&menuId=862&contentId=252509&searchCondition=&searchKeyword=).

✢✢ 〈자살 유족의 자살률, 22.5배 높다… 교통사고 유족보다도 3배〉, 《한겨레21》, 2023. 8. 31.

"서진이는 지영 님에게 어떤 딸이었을까요?"

딸이라는 말만 들어도 목이 메었다. 이제 그 말은 그리움을 의미하는 단어가 되었다. 아이가 내게 어떤 존재였는지 떠올리자, 걷잡을 수 없이 눈물이 터져 나왔다. 한번 무너진 감정의 둑은 막을 수 없었다.

"저에게는… 과분한 딸이었어요."

"그렇게 생각하시는 이유는 뭘까요?"

"어려서부터 씩씩하고 야무졌어요. 성격이 워낙 밝아서 전학을 가도 금방 친구를 사귀었고요. 저하고는 달라서… 더 좋았어요."

서진이가 아프기 전 모습에 대해 이야기하라면, 밤을 새워도 모자랄 것 같았다. 기억을 꺼낼수록 잊고 있던 장면들이 되살아났다. 그때마다, 덧난 화상 흉터처럼 온몸이 따끔거렸다.

"지영 님이랑 다르다는 건 어떤 점일까요?"

"저는 낯을 많이 가려요. 서진이는 누구에게나 다정하고 친절했어요. 그 아이의 명랑함이 좋았어요."

항상 춤추고 노래하고 누군가를 웃기는 재밌는 아이. "뭐가 그렇게 좋아 맨날 웃냐?"라고 물으면 "내가 웃상이잖아요" 하며 너스레를 떨던 아이. 죽음과는 어디 하나 어울리지 않는 아이였다.

"엄마가 너랑 학교 다녔으면, 너랑 친구하고 싶었을 거야."

"왜요? 나 별로 인기 없는데."

"엥? 너 웃기고 재밌잖아. 오지랖도 끝내주고."

"오지랖은 인정이요."

장난처럼 말했지만, 나는 진심이었다. 그 밝던 아이가, 한국에 오면서 점점 어두워졌다. 정말 내 딸이 맞나 싶을 만큼. 그렇다고 아이가 나한테 주었던 의미와 기쁨은 달라지지 않았다. 아프기 전이나 후나 서진이는 나의 자랑이었다.

조도가 낮은 주황빛 상담실에서는 눈물이 유독 쉽게 터졌다. 파블로프의 개처럼 그 빛을 보기만 해도 단전에서부터 뜨거운 것이 차올랐다. 상담하러 가는 건지, 울기 위해 가는 건지 모를 정도로 매주 그곳에서 끝없이 눈물을 게워냈다. 감정을 다 쏟고 돌아오면 온몸이 축 늘어졌다. 저녁을 차려야 하는데, 도무지 기운이 나지 않았다.

나는 그럴 때마다 손을 뻗어 《상실 수업》을 꺼냈다. 살기 위해서 약이 아니라, 책을 펼쳤다.

> 상실이 벌처럼 느껴질지 모르지만, 인간의 존재는 사랑한 이의 죽음을 가지고 벌을 내리는 그런 신의 작품이 아니다.*

가장 비극적인 일은 생기게 마련이고, 그것은 누구의 잘못도 아니라는 걸 이해해야 한다. 누구는 죽고 누구는 살아남게 되는 이유를 누구도 알지 못한다.✤✤

눈물 한 줌, 책 한 줄. 또 눈물 한 줌, 책 한 줄. 오늘도 그렇게 견디다 책을 덮는다.

✤ 엘리자베스 퀴블러 로스·데이비드 케슬러, 《상실 수업》, 김소향 옮김, 인빅투스, 2014, 141쪽.
✤✤ 같은 책, 110쪽.

북극곰만 보지 말고 펭귄도 봐줘요

"상담사님이 그러시는데, 하얀 북극곰만 보지 말고 까만 펭귄도 보래요."

저녁 식사 중, 아들 형진이가 오늘 상담에서 들은 이야기를 꺼냈다.

"응? 무슨 뜻이야?"

"사람들은 극지대하면 북극곰을 떠올리잖아요. 이제 우리 가족은 펭귄을 볼 때래요."

남편이 고개를 갸웃하며 말을 받았다.

"근데 북극곰은 북극에, 펭귄은 남극에 사는데… 논리적으로 안 맞지 않아?"

이과 남편의 엉뚱한 진지함에 문과 모자는 실소를 터뜨렸다. 농담처럼 흘러간 대화였지만, 나는 계속 아들의 말을 곱씹었다.

북극곰이 아니라 펭귄을 보라니… 상담사가 전하려던 그 말의 본질은 무엇이었을까?

궁금증 끝에 찾아보니 '흰곰 효과'라는 심리학 개념이 있었다. 어떤 생각을 억지로 지우려 할수록 오히려 더욱 선명하게 각인된다는 현상. 프랑스 철학자 샤를 페팽은 《삶은 어제가 있어 빛난다》에서 도스토옙스키의 말을 인용한다. "북극곰을 생각하지 않으려 애써 보라. 그러면 매 순간 그 망할 놈의 흰곰이 떠오를 것이다."✦

억누를수록 짙어지는 감정의 그림자는, 100여 년 뒤 심리학자 대니얼 웨그너의 실험에서도 입증되었다. 참가자들은 두 그룹으로 나뉘어 각기 다른 지시를 받았다.

흰곰을 절대 떠올리지 마세요.

흰곰에 집중하세요.

결과는 예상 밖이었다. 흰곰을 생각하지 말라는 지시를 받은 그룹이 훨씬 더 자주, 또렷하게 흰곰을 떠올렸다. 심지어 꿈속에서도 그 하얀 형체는 끈질기게 나타났다.

나도 그랬다. 서진이를 잊으려고 몸부림칠수록 아이의 흔적은 더 짙어졌다. 기억의 윤곽은 지워지기는커녕 더욱 날카로워

✦ 샤를 페팽, 《삶은 어제가 있어 빛난다》, 이세진 옮김, 푸른숲, 2024, 108쪽.

졌다. 눈뜬 순간부터 잠들 때까지, 내 의식의 중심엔 서진이가 문신처럼 새겨져 있었다. 그제야 상담사의 말이 조금씩 해석되기 시작했다. 서진이의 기억에서 벗어나라는 뜻이 아니었다. 시선을 옮겨보라는 권유였다.

펭귄이 뭘까? 새로운 취미, 바쁜 일상, 규칙적인 운동… 그런 것들로는 도무지 내 안의 공허를 메울 수 없었다. 이미 많은 것이 부서졌고, 나는 그 파편 속을 방황하며 살아가고 있었다. 그러다 내가 지켜야 할 것들이 서서히 눈에 들어왔다.

"엄마, 괜찮아요?"

하루에도 몇 번씩 나의 안부를 묻는 목소리, 형진이었다.

"이제야 알겠어. 엄마에게 펭귄은 너라는 걸."

서진이는 마지막 날, 가족 채팅방에 길고 긴 마음을 풀어놓았다. 그 끝자락에 오빠를 향한 작은 문장이 놓여 있었다.

"오빠, 사실 늘 응원하고 있었는데 말로 표현 못 해서 미안해. 사랑해."

스무 살 아들은 그 메시지를 보자마자 캄캄한 밤거리에서 택시를 잡아탔다. 자정이 넘은 도시는 고요히 잠들어 있어도, 아들의 손가락은 분주했다.

"죽지 마. 제발 가지 마. 오빠가 미안해."

반바지에 슬리퍼 차림으로, 두려움에 떨며 달려온 아이를 나는 장례식장에서 맞아야 했다. 믿기지 않는 현실이라 울 수도 없었을까. 아니면, 고통에 짓이겨진 부모를 지켜야 한다는 책임감 때문이었을까. 아들은 눈물조차 흘리지 않았다. 상주석에서 휘청이는 나를 부축하고, 벌겋게 달아오른 내 눈가를 살며시 닦아주었다. 고개를 들면, 언제나 그의 눈길과 마주쳤다.

겨우 스무 살. 아직 죽음의 무게를 알지 못해도 좋을 나이에, 형진이는 상주복을 입었다. 부모는 자식의 버팀목이 되어야 하는데, 나는 내 아들에게 상주복을 입힌 어미가 되었다.

"네가 있어 든든하다. 이제 부모님 잘 모셔야 한다."

조문객들은 너도나도 아들을 붙들고 부모한테 잘하라고 했다. 그 말이 그저 전하는 위로라는 걸 안다. 그러나 혹여 아들이 두 몫의 짐을 짊어질까 봐 조바심이 났다.

"아들, 다들 엄마 아빠 위로하려고 하는 말이야. 맘에 담아두지 마."

"네. 저도 알아요. 걱정 마세요."

그때 또 누군가가 아들의 손을 잡고 당부했다.

"장남인 네가 이제 더 잘해야 한다."

그때 얼굴이 붉어진 나의 오빠, 아들의 외삼촌이 보다 못해 툭 던졌다.

"지금이 쌍팔년도도 아니고 장남이 뭘 더 해야 한다고 그래. 형진아, 그냥 네 방식대로 살아. 그걸로 충분해."

그 말이 그렇게 시원할 수가 없었다. 장례식 동안 속으로 기도인지 외침인지 모를 아우성을 질러댔다.

우리 아들은 그냥 내버려둬요. 깃털처럼 가볍게 살게 두라구요.

서진이를 보내며 약속했다. 끝없이 밀려오는 자책과 미안함의 굴레에서 완전히 벗어날 길은 없겠지만, 너에게 못다 한 사랑을 남은 가족에게 다하겠다고. 너의 오빠에게 그 사랑 주겠다고.

음악을 하는 아들은 그동안 작업실에서 지냈다. 장례식이 끝나고 얼마 되지 않았을 무렵, 형진이는 짐을 정리해 집으로 돌아오겠다고 했다.

"집에서 작업하면 돼요."

짧은 말에도 다정함이 묻어 있었다. 그 결정에 부모를 향한 걱정이 없었을 리 없다. 남편이 출근하면 나는 긴 공허 속에서 하루를 보냈다. 흐느낌만 맴돌던 집에 아들이 돌아왔다. 나는 다시 밥을 하기 시작했다. 밥 짓는 소리는 정신을 번쩍 들게 하는 호루라기 소리처럼 나를 비롯한 집 안의 모든 걸 깨웠다. 구수한 냄새가 퍼지자, 비로소 사람 사는 집 같았다.

형진이 덕에 나도 끼니를 챙겼다. 아들과의 식사 시간은 우리의 작은 의식이 되었다. 밥을 먹는다는 건 추억을 함께 삼키는 일이었다. 숟가락이 오갈 때마다 서진이가 우리 곁에 앉아 있는 듯했다.

"서진이는 편식이 정말 심했어. 안 먹는 게 왜 그렇게 많았는지…."

형진이는 밥을 꿀떡 삼키며 고개를 절레절레 흔들었다.

"둘이 입맛이 반대였지. 서진이는 매운 것만 좋아했고, 너는 맵찔이고."

밥상 위의 대화는 상담실보다 깊었다. 사소한 추억부터 가슴 한구석을 저미는 이야기까지 깊고 솔직한 대화들로 채워졌다.

"난 서진이가 진짜 멋있었어요. 맨날 공부했잖아요. 어떻게 그렇게 열심히 하지. 그게… 나한텐 좀 놀라웠어요."

"그랬구나. 그래서 아픈 걸 모르게 하고 싶었나 봐. 네 앞에선 계속 멋진 동생이고 싶었을 거야."

내 마음속 퍼즐처럼 흩어져 있던 기억이 있다.

"오빠한테는 제가 아프다는 거 모르게 해주세요. 오빠는 볼 때마다 어떻게 공부를 그렇게 열심히 하냐고 묻는데, 이런 모습은 알게 하고 싶지 않아요."

서진이는 자신의 상태에 대해 가족들에게 고집스럽게 함구

했다. 나는 아이가 자신의 병을 숨기려는 것인 줄로만 알았다. 그러나 떠나는 날, 서진이는 진심을 남겼다. 부족한 딸이나 나약한 동생으로 보이고 싶지 않았다고.

명치끝이 저릿했다. 그릇에 부딪히는 수저 소리가 묘하게 위안이 되었다. 우리는 서두르지 않고, 하루에 조금씩 꺼낼 수 있을 만큼의 기억을 천천히 나눴다. 대부분은 미소를 머금으며 추억했지만, 가끔은 아릿한 통증에 침묵하기도 했다. 우리는 함께 밥을 먹고, 나란히 걷고, 같은 카페에 앉아 각자의 일을 했다. 나는 글을 쓰고, 형진이는 음악을 만들었다. 특별할 것 없는 일상은 슬픔이 삶의 전부가 되는 걸 막아주었다.

남편은 아들의 모습을 흐뭇하게 바라보다가도 이내 애잔한 기색을 감추지 못했다. 음악을 하겠다고 결심한 뒤 삶의 궤도를 바꾼 아들이었다. 남의 시선보다 자기 확신이 먼저였고 자기 삶을 누구보다 단단히 지키고자 했던 아이가, 이제는 부모의 마음을 먼저 살피고 있었다.

내 카카오톡 프로필 뮤직에는 형진이가 만든 곡이 걸려 있다. 가사를 들을 때마다, 나는 그의 마음을 더듬는다.

"I always put my family first.(항상 가족이 우선이야) 그들은 든든한 나의 출처."

나는 아들의 마음에 닿길 바라며 메시지를 보냈다.

북극곰은 떠났지만 엄마가 사랑하는 펭귄은 함께 있어. 엄마는 너에게 두려움이 가득 찬 인생이 아니라, 무슨 일이 일어나도 극복할 수 있다는 걸 보여주고 싶어.
사랑한다. 나의 펭귄.

2
떠나기를 결심하는 아이들

꼭 이유가 있어야 하나요

 서진이의 장례식날, 친구의 소매를 붙들고 나는 이 말만 되풀이했다고 한다. "벌써 보고 싶은데 어떡하지…." 정작 나는 그 순간을 기억하지 못한다. 슬픔이 모든 감각을 잠식한 날이었다.

 억압이라는 방어기제가 있다. 감정이 감당할 수 없을 만큼 밀려올 때, 뇌가 스스로 기억을 가린다. 그래서일까. 내 안에는 제멋대로 지워진 장면들이 뿌연 틈으로 남아 있다.

 보고 싶은 얼굴은 꿈에서도 좀처럼 나타나지 않았다. 서진이는 무슨 일로 그리 바쁜지, 한 번을 찾아오지 않았다. 그러다 그해 추석, 아이는 가족들의 꿈을 차례대로 다녀갔다. 오빠에게 와서는 예전처럼 침대에 나란히 누워 소곤소곤 이야기를 나눴다. 아빠와는 머리띠를 커플로 쓰고 놀이공원에서 웃음을 터뜨렸다. 우리가 사랑하던 그 모습 그대로.

돌아온 너에게, 아빠는 한참을 망설이다 가슴에 묻어둔 질문을 던졌다.

"서진아, 왜… 그랬어?"

"어쩔 수 없었어요."

짧고 나지막한 대답이었다. 꿈이었지만, 그날 남편은 묘하게 평온했다고 했다. 정말 네가 남기고 간 말처럼 느껴졌던 걸까.

너는 내 꿈에도 와주었다. 졸음에 파묻힌 채, 책상 앞에 멍하니 앉아 있었지. 무겁게 내려앉은 눈꺼풀에 무표정한 아침의 너.

"약은 먹었어?"

불안이 스민 질문에 너는 대답 대신 허공으로 흩어졌다. 내가 마지막으로 본 건, 늘 그렇듯 네 옆모습이었다. 운전석에 앉았을 땐 왼쪽, 책상 앞에선 오른쪽. 그림자처럼 남은 너의 반쪽 얼굴. 한때는 눈빛까지 웃던 아이였는데, 아팠던 너는 자꾸 옆모습만 떠올랐다. 그렇게 반만 생각나서 더 그리운 걸까. 너의 어둠은, 어디서부터였을까.

엄마 아빠는 늘 제가 왜 이렇게 힘든지 궁금하셨겠지만, 사실 저도 잘 모르겠어요.

중학교 1학년 무렵, 난데없이 찾아온 우울이 서서히 내 안을 갉아먹기 시작했어요.

  그 원인을 알 수 없다는 사실이 더 견디기 힘들었어요.

 서진이는 마지막 편지에서 끝내 말하지 못했던 마음의 밑바닥을 드러냈다. 희미하게 감지되던 말들이 활자가 되어 다가오자, 실체를 얻은 아이의 마음은 내 심장을 도려내고 그 자리를 차지했다. 서진이의 글은, 아이돌 그룹 샤이니의 종현이 남긴 마지막 글과 놀라우리만치 닮아 있었다.

  난 속에서부터 고장 났다. 천천히 날 갉아먹던 우울은 결국 날 집어삼켰고 난 그걸 이길 수 없었다. 나는 날 미워했다. (…) 왜 힘든지를 찾으라니. 몇 번이나 얘기해 줬잖아. 왜 내가 힘든지, 그걸로는 이만큼 힘들면 안 되는 거야? 더 구체적인 드라마가 있어야 하는 거야? 좀 더 사연이 있었으면 하는 거야?

 우울은 매일같이 삶의 틈 사이마다 침투했다. 그 무게를 안고 하루를 버티는 일은 이미 충분히 사투에 가까웠다. 그런데도 세상은 집요하게 되물었다. "왜?", "무슨 일이야?", "그 정도로 힘들어?" 종현의 고백을 읽다 보면, 어느 순간 서진이의 한숨과 포개진다. 언어는 달랐지만, 고통의 끝자락은 같은 곳에 닿아 있었다.
 그냥, 너무 힘들었어요.

이 간명한 한 문장이, 모든 설명을 대신했다. 비에 젖은 병아리처럼 축 늘어진 아이의 마음을 붙들고 나는 통곡했다. 사춘기 아이라면 누구나 흘릴 수 있는 넋두리처럼 보였지만, 아이에게 그것은 있는 힘을 다해 짜낸 마지막 언어였다.

비극이 드러나는 순간, 사람들은 먼저 이유부터 찾았다. 갈등은 없었는지, 부모는 제 역할을 다했는지. 누군가의 삶 전체를 전해 들은 소문 몇 줄로 재단하려는 시선들이 너무 쉽게, 너무 자주 날아들었다. 떠난 이들조차 모르겠다고 한 고통의 원인을 사람들은 아무렇게나 추정했다. 결국 설명되지 못한 그 아픔은 남은 이의 책임으로 되돌려졌다.

갑작스러운 사라짐 앞에서 모두가 분석가가 되려 할 때, 나는 평생 내가 가해자가 아니었음을 스스로 증명하며 살아야 한다. 살아서도, 떠난 뒤에도 납득을 강요하는 일은 떠난 이를, 그리고 남은 삶까지 또 한 번 무너뜨리는 일일지 모른다. '정신질환'이라는 네 글자는 그 자체로 낙인이 되었고, 그 병의 근원을 묻는 시선은 언제나 부모를 향했다. 아이가 병이 있었다고 설명하기보다, 내 탓이라고 고개를 숙이는 편이 더 간편했다. 사람들은 그쯤에서 의심을 거뒀다. 사연은 필요했고, 그렇게 병은 지워졌다. 아이를 지키지 못한 부모는 끝없는 질문의 수렁에 빠진다.

무엇을 놓쳤고, 무엇을 잘못했고, 어떻게 했어야 했는지를 묻고 또 묻는다.

 감정의 침잠은 중학교 무렵부터였다. 예중 입시를 준비하다 해외로 떠나며 꺾인 피아니스트의 꿈, 가장 친했던 친구와의 절교, 오랫동안 짝사랑하던 아이가 전학 온 친구와 사귀는 걸 지켜봐야 했던 일. 그 무렵의 조각들이 하나둘 내 안에서 불을 켰다.
 2년 넘게 이어진 코로나로 인한 폐쇄와 고립. 그 무채색의 나날이 예민한 아이의 내면을 어떻게 지나갔는지 나는 가늠조차 할 수 없었다. 숙제를 하라며 언성을 높였던 날, 휴대폰을 붙잡고 있다고 나무랐던 순간들. 오빠의 진로 문제로 얼어붙었던 집안 공기. 혹시 그때의 찬 기운이 아이의 여린 마음에 내려앉았던 건 아닐까. 나는 여전히, 그 순간들을 더듬는다.
 그런 나를 이미 예감했다는 듯, 서진이는 편지에 분명히 써 두었다. 아니, 이미 본인은 그 결론에 명징하게 다다라 있었다.

> 나에게 일어난 사건들은 그저 부차적인 요소일 뿐 결정적인 이유는 아니에요. 이 감정을 견뎌내지 못하는 제 자신이 한심했고, 그걸 아는데도 달라지지 않는 제가 더 싫었어요. 머리로는 알겠는데, 마음이 따라주지 않았어요.

수백 번 되읽은 그 문장들. 매번 아이의 마음은 손끝 가까이 왔다가 미끄러지듯 사라졌다. '무엇 때문은 아니었다'는 그 말 앞에서, 나는 '그 때문이었을지도'라는 생각을 좀처럼 지우지 못했다. 엄마로서, 나의 잘못이었다는 회로를 한없이 돌리면서.

서진이는 마지막 순간까지 자신의 언어로 감정의 파편들을 정리했지만, 나는 계속 그 언저리에서 서성였다. 담담히 적어 내려간 절망 앞에서 나는 한 발짝도 움직일 수 없었다. 어쩌면 아이는 괴로움 그 자체보다도 그 안에서 길을 잃은 자신에게 지쳐버렸던 건지도 모르겠다.

만약 되돌아갈 수 있다면, 이번엔 그 신호를 놓치지 않을 수 있을까. 비록 되돌릴 수 없다 해도 나는 끝까지 알고 싶다. 그래야만 또 다른 누구라도 이 비극에서 벗어날 수 있을 것 같아서. 그 질문은, 누군가를 살리고 싶은 나만의 방식인지도 모른다. 다시는 잃지 않기 위해, 지금 내가 할 수 있는 전부이기에.

사춘기가 아니라 양극성 장애였다

　정신과에 꾸준히 진료를 받으러 다녔지만, 서진이는 점점 닿을 수 없는 곳으로 멀어지고 있었다.

　예약된 진료를 받기로 한 날, 나는 서진이 모르게 간호사에게 메모를 건네 의사 선생님과 먼저 면담하고 싶다고 전했다. 서진이의 지난 한 주를 찬찬히 들은 의사 선생님이 고개를 들어 잠시 내 얼굴을 바라보았다.

　"어머니는 서진이와 친하다고 생각하세요?"

　묻어두었던 통증이 다시 욱신거렸다. 나는 그저 눈을 껌뻑였을 뿐, 아무 말도 할 수 없었다. 그녀는 내 얼굴에 내려앉은 어두운 기류를 읽었을지도 모른다.

　그날은 중간고사가 끝난 날이었다. 학교 운동장은 학부모들의 차량으로 엉켜 있었다. 차들이 하나둘 빠져나가 마지막 차가 될 때까지도 서진이는 나오지 않았다.

몇십 분을 기다려서야 나타난 아이는, 겨우 인사 한마디 건네고 조수석에 올라탔다.

"전화도 안 받고… 무슨 일 있었어?"

"아뇨, 시험 끝나고 친구들이랑 이야기하다 늦었어요."

내가 건넨 간식을 먹으며 아이는 내 질문을 단답으로 밀어냈다. 더는 말을 붙이기가 어려웠다. 이내 아이는 창가에 머리를 기대고 잠들었다.

금요일이면 학교에서 병원, 다시 학원으로 이어지는 3시간짜리 운전이 익숙했다. 주말을 앞둔 도로는 언제나 길고 느렸다. 더디게 흐른 건 차창 밖 풍경만이 아니었다. 잠든 아이의 옆모습을 바라보며 나는 매번 그 정적을 혼자 통과했다. 그날따라 고요함이 유독 내 속을 날카롭게 긁고 지나갔다.

닿지 않는 마음 앞에서 나는 자주 쓸쓸해졌다. 비가 거세게 쏟아지던 어느 일요일 밤이었다. 여느 일요일처럼 기숙사 입소 시간에 맞춰 서진이를 내려주고 막 집에 도착한 참이었다.

"엄마, 교복 치마를 안 가져왔어요."

서진이의 문자였다.

나는 아무 말 없이 시동을 걸었다. 왕복 1시간을 다시 달렸다. 도착해 전화를 해도, 아이는 받지 않았다. 나는 빗속의 차 안에서 2시간을 앉아 있었다.

"자느라 문자를 못 봤어요."

늦게 나타난 아이는 별말 없이 물건만 챙기고 떠났다. 돌아오는 길, 와이퍼가 닦아낸 것이 빗물이었는지, 내 안에 고인 눈물이었는지 그건 나만 아는 일이었다.

의사 선생님의 질문은 오래 잠복해 있던 통증들을 정확히 되살렸다. 간신히 붙들고 있던 마음이 속절없이 무너졌다. 그녀가 건넨 휴지를 받아들고, 나는 더듬듯 입을 열었다.

"잘 모르겠어요. 친하다고는… 못 하겠어요."

"왜 그렇게 생각하세요?"

"아이가요… 말을 안 해요. 저와 나누는 언어 자체가 사라져 버린 것 같아요."

그녀가 건드린 건, 단순한 거리감의 문제가 아니었다. 아무리 손을 뻗어도 허공만 쥐게 되는 마음. 그 좌절감에, 나는 신음했다.

의사 선생님은 서진이의 상태와 질환의 특성을 조곤조곤 설명했고, 대응 방법도 알려주었다. 하지만 한 번 터진 감정은, 그 모든 말을 삼켜버렸다. 평소라면 한 마디도 놓치지 않으려고 귀를 세웠을 나였지만, 그날은 전부 마음 밖으로 흘러나갔다.

진료가 끝난 뒤, 나는 매무새부터 가다듬었다. 아이 앞에서 눈물을 들키지 않기 위해 다시 엄마의 얼굴을 썼다.

집으로 향하던 차 안, 서진이가 창밖을 보며 물었다.

"엄마는 우리가 왜 안 친하다고 생각해요?"

"네가 힘들 때 엄마에게 말해줬으면 좋겠는데… 말을 안 하니까… 멀게 느껴졌어. 넌 어떻다고 생각해?"

"난 이 정도면 괜찮은 관계라고 생각해요."

"채원이랑 희진이는 엄마들이랑 맨날 통화하잖아. 뭐든 다 이야기하고…"

딸에게서 너무 자주 전화가 와 미주알고주알 털어놓는 게 버겁다고 말하던 또래 엄마들을, 나는 부러워했었다.

"걔들이 좀 특별한 거예요. 내 친구들은 엄마랑 그렇게까지 이야기 안 해요."

서진이의 마음은 어디쯤에 있었던 걸까. 나는 창밖을 바라보는 아이의 뒷모습을 바라보았다.

해외에 살 때는 늘 아이와 함께였다. 3시에 하교하는 아이를 맞이하고, 간식을 챙기고, 저녁을 함께 먹는 하루가 반복됐다. 한국에서와는 달리, 아이와 마주 앉을 시간이 충분했다. 수다가 끊이지 않는 밀착된 사이는 아니었지만, 적당한 거리를 둔 채 나름대로 괜찮은 관계라 믿었다. 하지만 평온함 속에, 나는 말없이 웅크리고 있던 신호들을 놓쳤다.

중학생이 된 서진이는 귀여움을 벗고 훌쩍 자랐다. 방문은 자주 닫혔고, 말수는 줄었으며, 혼자 있는 시간이 늘어났다. 나는 그것을 사춘기의 예고편으로 받아들였다.

멀어지는 게 느껴져 나는 더 함께하려 애썼다. 필라테스를 같이 하고, 아이 친구들과 여행도 함께했다. 가장 기억에 남는 건, 어느 휴양지로 떠난 둘만의 첫 여행이었다. 수영, 탁구, 양궁, 요가에 노래방까지, 태릉선수촌에라도 온 듯 우리는 하루를 몸으로 통과했다. 움직이고, 흘리고, 비워내다 보면 아이가 다시 활기를 찾지 않을까 기대했다. 그저 먹고 자고, 웃고 떠드는 일로 마음이 잠시라도 가벼워지길 바랐다.

학교에선 쉬는 시간마다 춤을 추며 밝은 아이가 집에 오면 말이 없어졌다. 움직임이 멎은 듯 오래 눌린 쿠션처럼 축 늘어져 있었다. 휴식과 구분하기도 쉽지 않았다. 들뜸과 침잠 사이를 오가던 그 간극이, 혹시 조울의 전조였을까. 짧은 반짝임 뒤에 길게 이어지는 침울함. 그때가 이미 양극성 장애의 그림자가 드리우기 시작한 때였나 싶다.

그 시절의 서진이는, 사춘기와 우울감 사이 어딘가에 서 있었다. 거리 두기와 침묵을 아이들이 자기 세계를 지키는 통과의례쯤으로 나는 이해했다. 지나친 간섭보다 믿고 기다려 주는 것이 더 나은 보호라 생각했다. 하지만 그 믿음이, 오히려 아이의 아픔을 가리는 베일이 되고 말았다.

전문가들은 청소년 우울은 사춘기의 감정 기복과 겉으로 보기엔 크게 다르지 않아서 조기 발견이 어렵다고 말한다. '그 나이 땐 다 그렇지'라는 안일한 생각이 위험의 징후를 흐릿하게 만든다. 2024년, 정신건강의학과 진료를 받은 열 살 미만 아동이 10만 명을 넘어섰고, 스스로 생을 멈춘 청소년들은 221명으로 역대 최고치를 기록했다. 그중 73퍼센트는 겉으로 별다른 위기 신호를 보이지 않는 '침묵군'이었다.* 나는 아이 곁에 있었다고 생각했지만, 그 미세한 흔들림을 알아차리지 못했다. 그 무렵의 나는 개입과 기다림 사이에서 흔들리면서, 도와야 할 때와 물러서야 할 때를 구분하지 못했다. 서진이 역시 겉으로는 징후가 드러나지 않는 침묵군에 가까웠다.

✢ "마음의 병 앓는 아이들…청소년 자살 '역대 최다'", 〈EBS 뉴스〉, 2025. 10. 10.

서진이는 청소년 우울증에서 흔히 나타난다는 학업 부진, 등교 거부, 게임 중독, 식사 장애 같은 눈에 띄는 증상을 보이지 않았다.※※ 우울한 기분, 무기력, 피로, 집중력 저하 같은 징후들도 초반엔 문제로 인식될 만큼 드러나지 않았다. 다만 잠과의 전쟁은 분명했다. 잠들지 못하는 밤이면, 살금살금 안방으로 들어와 이불 가장자리를 더듬으며 파고들었다. 부모의 침대에 들어오는 일이 스스로도 머쓱했는지, 눈치를 보며 몸을 구겨 넣었다.

"나 불면증인가 봐요."

등을 돌린 채 몸을 배배 꼬며 말하면서도, 입가엔 여전히 웃음이 남아 있었다. 행복의 증거라 여겼던 아이의 미소가, 아픔을 감추는 장치였다는 걸 그땐 몰랐다.

"늦게까지 놀다 안 자 놓고, 무슨 불면증이야. 내일부터는 일찍 자."

그 밤, 나는 품어주기보다 잔소리를 택했다.

서진이 친구들도 새벽 늦게까지 깨어 있다는 다른 엄마들의 걱정을 들으며, "요즘 애들 다 그렇지" 하고 넘겼다. 늘 일찍 재우려는 나와, 잠들기를 미루던 딸의 밤은 창과 방패의 싸움 같았다. 간혹 채팅과 게임으로 새벽을 넘기고도 아이는 단 한 번도 지각

※※ 〈사춘기인 줄 알았는데 '우울증', 다른 특징은…〉, 《헬스조선》, 2023. 9. 11.

하지 않았고, 주어진 일을 해냈다. 집과 학교에서의 얼굴은 전혀 달랐다. 이불을 칭칭 감고 무기력하게 휴대폰만 들여다보며 웅크려 있던 아이가, 학교에선 학업 우수상을 받고 친구들과 어울렸다. 그 이중성 속에서 나는 많은 것을 간과했다.

중학교 3학년 10월에 서진이는 한국으로 돌아왔다. 조금은 가라앉아 보였지만, 낯선 교실에 적응하는 데 오래 걸리지 않았다. 일주일도 채 되지 않아 새 친구들과 놀이공원에 다녀오고, 집에도 친구를 데려왔다. 담임 선생님도 "잘 지내고 있다"며 안심시켜 주었다.

"적응 하면 역시 우리 서진이지."

아이는 이번에도 믿음을 저버리지 않았다. 세 살, 초등학교 1학년, 5학년, 그리고 중학교 3학년. 네 번의 나라 이동을 거치면서 문화와 언어를 바꾸어야 했지만, 매번 놀라울 만큼 빠르게 자리를 잡았다. 이번에도 잘 해낼 거라고 믿었다.

"오늘은 어땠어?"

"괜찮았어요."

언제나 같았던 그 짧은 대답을 나는 과신했다. 서진이의 '괜찮아요'는 실은 '아무래도 상관없어요'라는 슬픈 언어였다. 그 안에 숨죽이고 있던 미세한 균열들을 나는 알아채지 못했다.

고등학생이 된 후, 서진이의 얼굴은 이전과는 전혀 다른 낯

빛을 띠었다. 고압적인 입시환경에서 비롯된 스트레스는 서진이가 버틸 수 있는 임계치를 가뿐히 넘어서 버렸다. 누가 누가 살아남나, 끝까지 견디는 쪽이 승자가 되는 무정한 레이스 속에서 아이는 스스로 이름표를 떼어냈다.

잘하고 싶던 아이

그해의 서진이는 잠을 덜어내며 견디는 법을 익혔다. 한밤의 책상 앞, 모든 감정은 묻어두고 성취만을 갈구한 채 남아 있었다. 나는 그 아슬아슬한 집요함을 오랫동안 의지라 믿었다. 하지만 그 안에는 자신을 야금야금 갉아먹는 불안이 도사리고 있었다. 아이가 깊이 잠기면 나도 함께 흔들렸다. 서진이에게 다가가려면 먼저 내 안의 소용돌이부터 잠재워야 했다. 그렇게 마음공부를 시작했다.

온라인 수련 프로그램 첫날, 가족의 손을 빌려야 하는 과제가 주어졌다.

1. 내가 자주 하는 말은 무엇인가요?
2. 당신이 듣고 싶은 말은 무엇인가요?

숙제 중이에요. 답 좀 알려주세요.

가족 채팅방에 짧은 메시지를 띄웠다. 답을 기다리는 동안, 마음 한편이 서서히 조여들었다. 내가 무심코 뱉어낸 말들이 어디에 박혀 있을지, 묘한 두려움이 일었다. 제일 먼저 화면을 울린 건 남편의 답장이었다.

1. 아, 힘들어.
2. 사랑해.

고개가 절로 끄덕여졌다. 그는 내가 유일하게 탈을 벗는 대상이었다. 피로와 버거움을 거름망 없이 흘려보내던 나의 숨구멍. 말보다 긴 호흡으로, 그는 늘 묵묵히 받아주었다. 묵혀둔 고마움을 그가 듣고 싶어 했던 말로 되돌려 보냈다.

사랑합니다.

곧 아들의 대답이 도착했다.

1. 산책하자.

2. 네 음악이 최고야.

형진이는 하루 종일 방 안에서 앨범 작업에 몰두했다. 집중을 방해하지 않으려고, 문이 열릴 때마다 슬쩍 물었다.
"바람 쐬러 갈까?"
답장을 보내는데, 입가에 옅은 웃음이 번졌다.

너는 엄마한테는 이미 슈퍼스타야. 우리 아들 최고!

말이 서툰 엄마였다. 메시지를 보내고도, 마음이 제대로 담겼을지 몇 번씩 되짚었다. 서진이의 답은 좀처럼 오지 않았다. 시간이 촛농 떨어지듯 더디게 흘렀다.

기숙사 점호가 이제 끝났어요.
1. 사랑해.
2. 잘하고 있어.

늦은 밤, 마침내 아이에게서 답장이 왔다. 멀리 있는 마음을 처음으로 만져본 기분이었다. 그 애틋함을 아이도 알고 있었다는 사실이 말라 있던 마음을 촉촉이 적셨다. 기억 속에 남은 말이 따뜻했다는 것, 그게 얼마나 다행인지.

　잘하고 있어. 너무도 익숙해 아무렇지 않게 흘려보냈던 말이었다. 그 평범한 한마디를 아이가 기다려 왔다는 걸 알게 되자 가슴이 저렸다. 전했다고 믿었지만, 닿지 않았던 마음. 부족했음을 비로소 알았다.

　서진아, 지금까지도 충분히 잘해왔고, 지금도 정말 잘하고 있어.

　서둘러 진심을 담아 보냈다. 그날 이후, 아이가 먹는 영양제 봉투마다 "잘하고 있어"를 적어 넣었다. 하루가 조금이라도 덜 아프기를 바라며.
　아이가 말을 해주니 숨통이 트였다. 투정이든 무뚝뚝한 말이든 한마디라도 던져준다면 나는 뭐든 고치고, 처음부터 다시 배울 준비가 되어 있었다. 바랐던 건 단 하나였다. 아이의 마음이 닫히지 않기를.

　서진이는 늘 잘하고 싶어 하는 아이였다. 한국에서의 짧은 학교 경험을 어떻게든 따라잡으려 애썼다. 아침 8시에 시작해 밤 10시에 끝나는 14시간짜리 일과. 빼곡히 채워진 시간표는 숨 돌릴 틈조차 없었다. 평일 내내 기숙사에 머무는 아이의 피로를 나는 멀리서 어림할 수밖에 없었다.

　많은 아이들이 힘들다며 기숙사를 떠났다. 서진이는 샤워실 줄이 길다는 것 외엔 별 말이 없었다. 급식이 부실하다는 민원이 들끓을 때도, "난 괜찮은데" 짧게 말하는 게 다였다. 주변 엄마들은 어쩜 저리 무던하냐며 오히려 칭찬했다. 하지만 무엇이든 괜찮다 말하던 서진이는, 자기 자신에게만은 그 말을 허락하지 않았다.

　"기숙사에서는 보통 몇 시에 자?"

　"1, 2시 쯤."

　"너무 늦다. 잠이 부족하면 안 되지. 12시 전에는 꼭 자."

　"그럼 아무것도 못 해요. 씻고 점호하면 11시 넘어요. 숙제하고 공부하려면… 2시도 빠듯해요."

　나중에야 알게 되었다. 아이의 밤은 2시에도 끝나지 않았다는 걸. 서진이가 다니던 고등학교는 학생부종합전형 대비로 수행 중심의 수업을 운영했다. 학기 내내 과제가 쏟아졌고, 시험을 준비할 수 있는 기간은 고작 2주 남짓이었다. 아이의 새벽은 자주 끝을 잊었다. 깜깜한 이불 속, 휴대폰 불빛 하나에 기대어 넘기던 책장. 서진이의 밤은 매일 어둡게 흘러갔다.

　자신을 끝없이 채찍질하며 버텨낸 시간이 아이는 무척이나 외롭고 고됐을 것이다. 공부를 안 하려는 아이를 책상에 앉히는 것도 어려운 일이지만, 공부를 멈추지 못하는 아이를 잠들게 하는 일은 또 다른 힘겨운 싸움이었다. 나는 아이의 수면 부족이 걱정됐지만 잔소리로 들릴까 봐 첫 학기엔 입술을 깨물며 참았다. 내가 해줄 수 있는 응원은 주말마다 서진이가 좋아하는 디저트를 사다 놓고 기다리는 일뿐이었다. 팽팽히 당겨진 긴장이 단맛 하나로라도 느슨해지길 바라면서.

이대로는 안 되겠다는 위기감이 명확해진 건 1학년 1학기 기말고사 무렵이었다. 서진이는 주말이면 학원을 마치자마자 스터디카페로 향했고, 나는 아이가 돌아올 때까지 잠들 수 없었다.

그날은 어쩌다 깜빡 잠이 들었다. 눈을 떴을 땐, 창밖에 여명이 번지고 있었다. 순간 심장이 얼어붙었다. 다급히 아이의 방으로 달려갔지만, 이불은 반듯했다.

복도를 내달리려던 찰나, 현관문이 열렸다. 서진이가 봇짐 같은 가방을 메고 무표정한 얼굴로 들어섰다. 그 아침은 이미 6시를 넘기고 있었다.

"서진아, 밤샌 거야?"

"밤이 집중이 더 잘돼요. 아침엔 멍해서."

애원도 설득도 으름장도 통하지 않았다. 아이는 에너지 드링크를 들이켜며 졸음을 밀어냈다. 그날, 막연했던 불안이 처음으로 또렷한 물음표로 떠올랐다. 그간 노력이라 믿어왔던 것들이 조금씩 다른 얼굴로 보이기 시작했다. 성실함이라 여겼던 태도, 극기심이라 믿었던 인내. 그 모든 건 무너짐을 유예하기 위한 안간힘으로 보였다.

서진이가 시험 때마다 OMR 카드에 답을 밀려 쓰는 이유를 그전까지는 알 수 없었다. 학원에선 실수 없이 문제를 풀던 아이가, 학교 시험만 치르면 어김없이 기입 오류를 내거나 답을 통째로 밀려 썼다. 이상하다 여긴 학원 선생님은 아이와 함께 원인을 하나씩 짚어 나갔다. 서진이는 답답했고, 괴로워했다.

"왜 그렇게 썼는지 모르겠어요. 기억이 안 나요…."

그 후, 선생님은 시험 전날마다 OMR 카드를 한 묶음 꺼내 책상 위에 올려놓았다. 기입 연습이라기보다는, 흔들리는 마음을 붙잡아 주려는 배려에 가까웠다.

서진이는 잠이 부족하다는 말도, 아프다는 말도 꺼내지 않았다. 혹시 기숙사 생활을 그만두게 될까 봐, 그 모든 불편을 삼켰다. 혼자인 밤보다 힘들어도 친구들과 함께 있는 밤을 더 원했다.

유난히 짧은 한 달간의 여름방학, 학교에서 준비한 여름학기 특별강좌도 과감히 건너뛰었다. 대신에, 작은 수영장이 딸린 자연 속 펜션에 묵으며 짧은 여름휴가를 보내기로 했다. 물놀이라면 계절을 가리지 않고 좋아하던 물개 소녀가 튜브 위에 몸을 신고 깔깔거리는 모습을 보며 나도 잠시나마 걱정을 내려놓을 수 있었다. 하루에 잠과 식사, 휴식이 다시 자리를 잡아가자, 서진이도 숨을 고르는 것처럼 보였다. 정말 오랜만이었다. 아이가 다시 아이 같아 보였던 날이.

그러나 그 웃음이 회복이라 믿고 싶었던 내 기대는 오래가지 못했다. 며칠의 휴식만으로 메워지지 않을 만큼 서진이의 상처는 단순하지 않았다. 어떤 하루를 보냈든 밤이 되면 감정은 가장 낮은 곳으로 어김없이 미끄러졌다. 붙잡으려 해도 아이는 힘없이 다시 가라앉았다.

그해 여름은, 아무것도 되돌리지 못한 채 저물어 갔다.

대학만 가면 괜찮아질 거라는 말

학교에서 진행한 진학 컨설팅 대상자로 서진이가 뽑혔다. '지금처럼만 하면 원하는 대학에 갈 수 있다'는 피드백을 받았다고 했다. 나는 그 말을 듣고 기뻐했지만, 아이는 말이 없었다. 주차장에 도착했는데도 조수석의 아이는 움직이지 않았다. 무언가 말하려는 듯 입술을 달싹였다.

"엄마, 저… 무기력이 심해요. 아무래도 심리검사를 받아봐야 할 것 같아요."

무기력. 아이 입에서 처음 듣는 단어였다. 내 안에서 무언가 가볍게 부서지는 소리가 났다.

"새 학기라 긴장한 줄 알았는데… 언제부터 그랬어?"

얼마간의 정적 후에 전혀 다른 대답이 돌아왔다.

"진로를 정해야 하는데, 아무것도 하고 싶은 게 없어요. 다들 바쁜데… 전 그냥… 멍해요."

내가 봐온 아이와, 아이가 말하는 감정 사이엔 메울 수 없는 틈이 있었다. 관심 있다던 진로를 고려해 가입하고 싶은 동아리에 자발적으로 면접을 보고 누구보다 열정적으로 활동하던 아이였다. 이런 마음이 어디서부터 시작됐는지, 아이가 숨긴 마음을 따라가고 싶었다.

"그렇게 힘든데도 공부를 한 거야? 엄마가 몰라줘서 미안해."

"공부는… 뭘 하고 싶은지 몰라서 그냥 한 거예요. 그거밖에 할 게 없어서…."

아이의 손을 잡았다. 일일이 다 위로해 주고 싶었지만 목이 메었다.

"말해줘서 고마워. 엄마가 병원 알아볼게. 괜찮아질 거야."

돌이켜 보면, 그날 아이는 분명 구조 신호를 보냈다. '심리검사'는 자살 충동을 말하지 않기 위해 아주 조심스레 택한 단어였다.

불안과 걱정의 파편들이 정신과 진료라는 이름 아래 하나씩 맞춰졌다. 병원을 예약하고 검사 결과를 기다리던 한 달 남짓의 시간, 나는 매일 조금씩 말라갔다. 내 안의 예감이 병명이 되어 돌아오기까지, 모든 날이 조용한 긴급 상황 같았다.

"서진이는 전형적인 우울증입니다. 약을 복용하면서 경과를 보죠."

의사 선생님의 말투는 두통을 진단하듯 가벼웠다. 긴장을 풀어주려는 의도였기를 바랐다. 하지만 아이를 더 위축시킬 말들이 이어졌다.

"서진아, 우울증이 심하면 지능검사 수치도 영향을 받아. 이 상태로 최상위는 무리야. 모두가 서울대나 의대를 가야 하는 것도 아니고. 공부가 전부는 아니잖아. 목표를 조금 낮추고 마음을 편하게 가져봐."

피상적인 조언에, 서진이는 무표정하게 시선을 떨어뜨렸다. 아이의 마음이 소리 없이 닫혀가는 게 보였다. 진료실을 나서는 아이의 얼굴엔 불쾌함과, 자신의 상태를 처음으로 객관적으로 듣게 된 후련함이 동시에 어른거렸다.

약물치료는 기대와 달리 전혀 변화를 만들어 내지 못했다. 아이의 눈빛은 더욱 멀어져갔다.

그 와중에도 서진이는 학교 축제에 참여했다. 친구들과 준비한 댄스 무대에 올라 완벽히 공연을 마쳤다. 공연이 끝난 뒤, 영상과 칭찬들이 여러 경로로 내게까지 도착했다. 무대 위의 딸은 낯설 만큼 생기 있었다. 서진이 속에 숨어 있던 또 다른 세계가 반짝이며 드러난 것 같았다.

"그래, 이게 우리 서진이지. 우울증도 잘 이겨낼 거야."

영상 속 아이가 참 예뻤다. 한 장면도 놓치고 싶지 않아서 자꾸만 되돌려 보았다.

"우리 서진이야."

자랑스러운 마음에 가족 채팅방에 영상을 보냈다. 그 순간만큼은, 모든 게 제자리로 돌아올 거라는 희망이 차올랐다. 그날 밤, 아이의 인스타그램 스토리를 보기 전까진.

공연 직전, 서진이는 천장에 매달린 조명 사진을 SNS에 올렸다.

"제발, 내 머리 위로 떨어지길."

그 한 문장이, 내 안의 공기를 송두리째 앗아갔다. 그토록 활기차게 무대를 채우던 아이가 동시에 죽음을 떠올리고 있었다. 믿고 싶지 않았다. 하지만 이제 더 이상 부정할 수 없었다. 보았던 빛보다 보지 못한 그림자가 더 짙었다는 사실을 인정해야 할 시간이었다.

누구는 사춘기 딸과의 끝없는 싸움에 지쳤다 했고, 누구는 아이의 감정 폭발을 감당하기 어렵다 말했다. 서진이는 달랐다. 말없이 등을 돌려 혼자 울었고 아무 일도 없는 얼굴로 아픔을 감췄다. '괜찮아'라는 말로 감정을 덮는 방식에 나는 너무 쉽게 안도했다.

기댈 수 있는 부모가 되어주지 못했다는 무력감은 나를 깊은 좌절 속으로 끌고 들어갔다. 더 견디기 힘든 건, 아무에게도 말하지 못하고 혼자 앓았을 아이의 외로움이었다. 활기찬 겉모습 아래 아이의 마음은 오래전부터 상처로 부풀어 있었다. 터지기 직전의 고요한 수면 위에서, 누구도 그 위태로움을 알아채지 못했다. 심지어 가장 가까이 있어야 할 부모인 나조차도.

고등학생이 절대 평안할 수 없는 이 사회에서 입시 스트레스는 아프다고 말하기조차 어려운, 당연한 고통이 되어버렸다. '다들 겪는 일이다', '어느 집이나 다 그렇다', '대학만 가면 괜찮아질 거다' 그 흔한 말들을 나 역시 믿고 있었다. 아니, 믿고 싶었다. 그래야 이 모든 불안을 설명할 수 있었으니까.

병원을 다니며 내가 새로이 알게 된 점은, 서진이가 본래 불안 기질이 매우 높은 아이라는 사실이었다. 되짚어 보면, 그동안은 시험이나 평가에 대한 압박이 덜한 환경 덕분에 아이의 예민함이 모습을 드러낼 기회가 없었을 뿐이었다. 해외에서 학교를 다닐 때는 일정 점수 이상이면 누구든 상을 받을 수 있었다. 하위권의 학생들도 얼마간 성적이 오르면 '진보상'을 받았다. 아이들은 각자의 속도로 공부했다. 서로를 무너뜨릴 필요는 없었다. 상을 도대체 몇 명이나 주는 거냐며 웃던 그 시상식은, 아이들의 성취를 축하하는 축제였다.

하지만 고등학교 내내 서진이는 '상위 4퍼센트', '1등급'이라는 냉혹한 숫자를 위해 스스로를 마모시켜야 했다. 잘해도 안심할 수 없었고, 작은 실수 하나로도 금세 밀려났다. 누군가를 밀어내고 올라서야 하는 구조 속에서 아이는 매일 자신을 지워갔다. 그런 세상에선 목표는 위를 향하지만, 마음은 한없이 아래로 꺼진다. 지지 않기 위해 아이는 스스로를 잃어갔다.

두 아이가 각각 초등학교와 중학교에서 강점검사(한국가이던스에서 제공하는 SAI 청소년 강점검사. 경쟁심을 포함한 24개의 성격 강점 항목을 측정한다. 학교와 교육청 차원에서 실시하며 자기 이해와 진로 지도를 돕는 도구로 활용된다) 결과지를 들고 온 날을 기억한다. 아이들 모두 '경쟁심' 항목의 막대가 유난히 짧았다. 그때만 해도 그 수치를 대수롭지 않게 여겨, "우리 애들, 평화주의자네"라며 웃어넘겼다.

그 무렵, 우리의 시선은 주로 큰아이 형진이에게 머물러 있었다. 서진이는 오빠에 비해 학교생활을 즐거워했고, 친구도 많았으며, 늘 칭찬받았다. 그러나 돌이켜 보면, 두 아이 모두 경쟁이라는 구조 속에서 오래 버티기 어려운 기질을 지니고 있었다. 학년이 올라갈수록 비교와 서열의 환경이 강화될 때, 그들의 민감한 감정선은 견디기보다 움츠러드는 방향으로 반응했다.

아들은 다행히 자신에게 맞는 길을 찾았다. 좋아하는 음악을 하며 타인의 속도가 아닌 자기만의 박자로 삶의 방향을 스스로 틀었다. 형진이는 지금도 가끔씩 이렇게 말하곤 한다.

"내가 한국에서 고등학교를 다녔대도 지금처럼 나답게 살 수 있었을까."

서진이는 날이 선 채 끝없이 이어지는 한국의 입시 전선 한가운데에서 몸과 마음을 깎아가며 버텨야 했다. 시험은 아이에게 단순한 평가가 아니었다. 숨이 턱턱 막히는 경쟁의 장, 밀려나면 존재가 부정당하는 생존 게임이었다. 우울은 그 팽팽한 긴장 속에서 뿌리를 내렸고, 시험은 그 병을 키운 결정적인 방아쇠가 되었다. 대학은 분명 미래를 위한 길이었는데, 그 보이지 않는 내일을 위해 감수해야 했던 오늘의 서진이는 조금씩 꺼져가고 있었다. 가정에서도, 학교에서도, 학원에서도 "충분히 잘하고 있어"라는 인정의 말 한마디를 서진이는 갈망하고 있었을 것이다.

신호를 알아채고 거리를 지킨다는 것

　　서진이가 위험하다는 걸 처음으로 눈으로 확인한 건, 아이의 종합심리검사지를 들여다본 순간이었다. 병원에 제출하기 전, 나는 그 서류를 조심스럽게 펼쳤다. 원래는 봐서는 안 되는 것이었지만, 외면할 수 없었다. 검사지에 정연하게 찍힌 체크 표시들은 칼날처럼 가슴을 그었다. 죽음을 묻는 항목마다 아이는 망설임 없이 가장 어두운 선택지를 골랐다.

　　문장완성검사에 적힌 단어들은 모두 짧았다. 얼른 털어내고 싶었던 마음처럼 문장들은 급히 끝났고, 그 짧은 여백마다 외로움이 배어 있었다.

　　아이는 늘 괜찮음을 연기했고, 그 연기는 점차 진짜 얼굴이 되어버렸다. 감정을 들키지 않으려 단정한 표정과 나긋한 말투로 자신을 감췄고, 불편한 상황에서도 미소를 택했다. 나는 그 고요함을 유순함으로 착각했다. 동그란 웃음 뒤로 차곡차곡 접힌 마음은 누구도 들어갈 수 없는 은밀한 성역이 되었다. 싫다는 말 대신 선택한 괜찮다는 말은 아이가 세상과 맺은 타협이었다.

증상이 깊어질수록, 아이는 마음의 벽도 함께 높아졌다. 나는 조심스럽게 말을 건넸지만, 서진이는 내가 검사지 내용을 봤다는 것을 알아차리자마자 폭발했다. 그 분노는 우리 사이를 가로막는 투명한 벽이 되었다. 그래도 물러설 수 없었다. 이 세계에서 사라지는 것을 고민하는 아이를 나는 바라만 볼 순 없었다.

서진이의 내면을 들여다볼 수 있는 유일한 통로는 손에서 놓지 않던 휴대폰 안에 있었다. 어렵게 알아낸 비밀번호를 눌러, 아이의 비밀스러운 우주 안으로 들어갔다. 그 안엔 예상보다 훨씬 치명적인 흔적들이 기다리고 있었다. 통화 목록엔 생명의전화 번호가 찍혀 있었고, 검색창에는 리튬의 치사량과 쥐약 구매 방법이 남아 있었다. 구체적이고 냉정한 계획이었다.

리튬은 우울증과 양극성 장애 치료에 흔히 사용되는 약이다. 하지만 치료와 독성 사이의 경계가 가까워 신중한 처방과 세심한 관리가 필요한 약이기도 하다. 아이의 검색 기록은 순간적인 충동이 아니었다. 이미 마음속 어딘가에서 작별을 구체화하고 있었다는 뜻이었다.

그토록 간절히 이 세상에서 발을 떼려고 했다는 사실 앞에 현실의 소리가 멈춰버린 듯했다. 과자 부스러기 묻은 손으로 리모컨 버튼을 누르며 "집이 이렇게 좋은데, 커도 자취는 절대 안 해!"라며 웃던 아이는 어디로 간 걸까.

    서진이의 SNS는 층위를 나눠 복잡하게 되어 있었다. 모두에게 공개된 밝은 얼굴, 소수에게만 보여준 내밀한 속마음, 그리고 오직 자기 자신만을 향한 어둠의 기록. 그 내밀한 세계 안에는 "죽고 싶다"는 문장과 자학적인 이미지들이 가득했다. 현실에서는 억눌러진 감정이 디지털의 창 안에서는 마그마처럼 흘러내리고 있었다. 그 마음을 몰래 들여다본 이상, 나는 더는 아무것도 묻거나 드러낼 수 없었다. 서진이의 주치의에게 이를 알렸지만, 의사 선생님은 단호한 어조로 말했다.

    "어머니, 안 죽어요."

    나는 그 말이 아이의 상태를 꿰뚫어 본 진단이기를 바랐다. 단지 위로를 위한 가벼운 말이 아니기를, 간절히 빌었다. 그 말을 꼭 믿고 싶었다. 그 밖에 내가 할 수 있는 건, 담임 선생님과 학원 선생님에게 도움을 요청하는 일이었다.

    "서진이를 지켜봐 주세요."

    돌아온 대답은 놀랍도록 비슷했다. 가까이에서 아이를 지켜보던 담임 선생님조차도 고개를 저으며 말했다.

"어머니, 정말 몰랐습니다. 서진이는 명랑하고 예의 바른 데다 수업에도 적극적이라 뭐 하나 흠잡을 데가 없는 아이예요. 병원을 다닌다고 해도 이 정도일 줄은 전혀 생각하지 못했습니다."

1학년 담임 선생님은 아이의 병원 치료를 누구보다 성심껏 도와주신 분이었다. 그의 말에는 당혹감과 안타까움이 서려 있었다. 동시에 그것은 서진이가 얼마나 철저히 자신의 고통을 숨기며 살아왔는지 보여주는 슬픈 증거이기도 했다.

겨울방학이 가까워지고 있었다. 아이를 자극하지 않기 위해 기숙사 퇴사는 방학까지 미루기로 했다. 그때부터 나는 방학만을 기다렸다. 무언가를 조금만 건드려도 팽팽하던 실이 끊어질 것만 같았다. 겉보기엔 기다림이었지만, 실은 매일이 폭풍 전야였다.

한밤중에 학교에서 전화가 오는 꿈을 꾸고, 식은땀에 깼다. 불안은 잠을 밀어냈고, 나도 아이처럼 밤을 잃어가고 있었다. 하루가 무사히 지나갔는지 확인하려고 아이의 SNS를 들여다보지 않을 수 없었다.

"엄마, 내 인스타 염탐해요?"

얼마 지나지 않아, 내가 본다는 걸 알아챈 아이가 메시지를 보냈다.

"염탐이 아니야. 네가 잘 있는지 알고 싶어서 본 거야."

"그게 염탐이에요!"

서진이의 문장 끝엔 싸늘한 분노와 경멸이 섞여 있었다. 그 말 한 줄에, 우리 사이에 위태롭게 걸쳐져 있던 마지막 외나무다리가 흔들렸다.

네가 죽을까 봐 무서워서 그랬어.

그 말이 목구멍까지 치밀었지만, 끝내 삼켰다. 왜 그 한마디를 하지 못했을까. 아이를 흔들까 봐, 감춰온 감정이 쏟아져 감당할 수 없을까 봐, 내 눈물을 본 아이가 더 완강히 마음을 닫을까 봐 두려움에 입을 닫았다. 그대로 주저앉아 "엄마는 너 없으면 안 돼"라고 말했더라면, 아이의 마음이 달라졌을까.

숨통 끝까지 차오른 불안 속에서 나는 어떻게 반응해야 할지 알지 못했다. 모두가 괜찮을 거라고 말했지만, 형체 없는 위협은 우리 곁에 이미 와 있었다. 나는 누구보다 먼저 그 낌새를 감지했고 아이를 지키기 위해 홀로 버티고 있었다.

하지만 서진이는 점점 나를 멀리했다. '휴대폰이나 들여다보는 엄마'라는 낙인은, 내 간절함을 허공에 흩어지게 했다. 결국 서진이를 기숙사에서 나오게 했다. 아이는 그것을 안전을 위한 조치가 아니라 자유를 빼앗는 족쇄로 여겼다. 더한 침묵으로 돌아온 아이의 마음은, 그 어느 말보다 차가웠다. 기숙사를 나오는 날, 서진이의 SNS에 짧은 글 한 줄이 올라왔다.

당신이 나를 살리기 위해 하는 모든 것이, 나를 더 숨 막히게 한다는 것을 알까?

죽으려는 딸과 살리려는 엄마 사이의 긴장은 이미 사랑이라는 말로는 설명할 수 없는 지점에 와 있었다. 병원에 데려가고, 약을 챙기고, 함께 잠드는 사소한 일상을 아이는 보살핌이 아니라 통제로 느꼈다. 벽 하나를 사이에 두고 우리는 고통을 각자 감내해야 했다. 내가 다가가려 할수록 아이는 더 멀어졌고 그만큼 나의 무력감은 깊어졌다.

지친 마음을 끌어안고 또래 학부모인 N에게 전화를 걸었다.

"휴대폰 보는 걸 들켰어요. 그거 아니면 아이의 마음을 알 방법이 없는데… 어떻게 해야 할지 모르겠어요."

N은 단호하지만 온기가 깃든 목소리로 답했다.

"위험한 상황에는 그 어떤 신호도 놓치면 안 돼요. 마음 단단히 먹어야 해요."

N의 말은 판단이 아니었다. 경험을 통과해 도달한 확신이었고, 그 길을 이미 걸어본 사람이 건네는 지혜였다. 그녀는 우울증을 앓는 딸의 투병을 7년째 지켜내고 있었다.

처음 N을 만난 건 아들의 초등학교 시절, 학부모 모임에서였다. 지적이고 단정한 말투, 품위 있는 태도. 곁에 있으면 배울 것이 많은 사람이었다. 그녀의 딸 역시 똑똑하고 조심성이 많은 아이였다. 그런 아이가 갑자기 중학교 1학년 때 자퇴했다는 소식을 들었을 때, 나뿐만 아니라 주변의 모든 사람들이 적잖이 놀랐다. 그 일은 내 안에 박혀 있던 정신질환에 대한 고정관념을 흔들었다. 소위 '마음의 병'이라 불리는 것들은, 꼭 허술한 양육이나 결핍에서 비롯되는 건 아니었다. 아이들은 때로 그 어떤 예고도 없이 아팠고, 이유 없는 고통 속에서 길을 잃기도 했다.

완벽한 조건이라는 건, 애초에 존재하지 않았다. 좋은 부모, 괜찮은 환경만으로는 모든 아픔을 막아내기에 부족하다는 걸, 그녀를 통해 알게 되었다.

서진이의 상태가 악화된 이후 나는 더 자주 N을 찾았다. 그 시절 내게 그녀의 말은 발끝을 받쳐주는 디딤돌 같았다. 자신의 시행착오와 심리학을 공부하며 얻은 통찰을 그녀는 아낌없이 나눠줬다. 덕분에 숨을 고를 수 있었지만, 각자의 고통은 다르고 현실은 제각각이었다. 내 아이에게 맞는 답은 결국 내 손으로 찾아야 했다.

그 시작은, 아이의 언어를 다시 배우는 일이었다. 아이들은 또래 사이에서는 "죽고 싶다"는 말을 농담처럼 쉽게 흘리기도 하지만, 어른 앞에서는 좀처럼 드러내지 않는다. 그래서 가느다란 말끝에, 가벼운 몸짓에, 무심코 흘린 한숨 같은 데 아슬아슬하게 걸려 있는 마음의 흔적을 포착해야 한다.

　서진이는 휴대폰이라는 얇고 차가운 유리막 너머에서 혼자 울었다. 나는 있는 힘껏 손을 뻗었지만, 그 손길은 위로가 아닌 침입으로, 애틋함이 아닌 감시로 느껴졌을지도 모른다.

　내가 부족했던 것은 알아채는 눈보다, 놀라게도 물러서게도 하지 않을 만큼 다가서는 감각이었다. 그 미묘한 거리를 감당하는 일은 생각보다 훨씬 어려웠다. 내가 건넨 손길이 조금 더 따뜻하고, 조금만 덜 서툴렀더라면, 서진이는 이곳에 더 오래 머물 수 있었을까? 이 물음에 대한 대답은 영영 도달할 수 없는 자리에 있다. 하지만 돌봄은 감정만으로는 부족하다는 걸 이제는 안다.

　한 사람의 마음 곁에 선다는 건, 사랑보다 더 많은 것을 요구한다. 침묵을 견디는 태도, 다가서지 않을 용기, 말 대신 기다리는 기술 같은 것들. 언젠가 또 다른 마음 앞에 서게 된다면, 나는 그때의 서툴렀던 손끝을 떠올릴 것이다. 닿지 않아야 닿을 수 있다는 걸, 아이에게서 나는 배웠다.

정신과를 찾는 아이들

금요일 오후 4시는 서진이와 나의 공식 데이트 시간이었다. 물론 그 다정한 의미는 오로지 나에게만 유효했다. 아이에게는 그저 견뎌야 하는 진료일이었을 뿐이다.

서진이가 병원에 가기를 몹시 꺼린다고 지인에게 털어놓았을 때, 그녀는 선천적 질환을 가진 자녀와 병원에 다니는 엄마의 이야기를 들려주었다. 그 엄마는 진료가 있는 날이면 아이의 손을 잡고 근처의 맛집을 찾는다고 했다. 아이가 아픈 기억에만 덮이지 않도록, 작지만 기쁜 장면 하나를 얹어주고 싶은 애틋한 궁리였다. 그 말을 듣자 나도 길을 찾은 듯 마음이 설레었다. 서진이의 발걸음이 조금이라도 가벼워질 수만 있다면 무엇이든 해보고 싶었다.

우리만의 금요일을 만들자.

그날부터 나는 또 하나의 숙제를 안았다. 병원 방문이 하루를 집어삼키는 유일한 기억이 되지 않도록 콧바람 불 만한 시간 하나쯤은 아이의 마음에 남겨주고 싶었다. 약을 2주치 받아 진료를 쉬는 금요일이면, 예쁜 카페나 숨은 맛집 이야기를 꺼내며 아이에게 손을 내밀었다.

봄볕이 부드럽게 등을 다독이던 날, 우리는 호숫가 야외 카페에 앉았다. 일부러 볕이 가장 잘 드는 자리를 골랐더니, 햇살이 투명한 실처럼 물결 위로 풀어졌다. 서진이는 카메라를 들어 하늘을 올려다보며 연신 셔터를 눌렀다. 사진 동아리에서 렌즈를 들던 아이의 호기심 가득한 표정이 오랜만에 살아났다. 나는 서진이의 옆모습을 휴대폰에 담았다. 일렁이는 햇빛이 아이의 얼어붙은 마음 틈새로 비집고 들어가 주길 간절히 빌었다.

금요일 오후 4시의 기억은 아이가 떠난 지금도 내 안에 차곡차곡 남아 있다. 그 소소하고 따뜻한 일탈은 남겨진 나에게 작은 선물이 되었다. 그날 아이가 남긴 사진을 들여다보면, 짧지만 온전했던 순간들이 되살아난다. 아픔 속에서도 오롯이 둘이었던 우리의 금요일이.

첫 병원에서의 치료는 전혀 효과를 보지 못했고, 서진이의 자살 충동은 오히려 더 짙어졌다. 결국 병원을 옮기기로 했다. 전

공의 파업으로 진료가 어려워진 종합병원 대신, 청소년 환자가 많이 가는 병원을 다시 알아보았다.

새로 가는 병원은 유명 학군의 한복판, 학원들이 빽빽하게 들어선 거리 한가운데 있었다. 대기실은 교복 입은 학생들로 발 디딜 틈이 없었다. 서진이 또래의 고등학생들이 특히 많았다. 간혹 초등학생, 그보다 더 어린아이들도 눈에 띄었다.

이어폰을 낀 채 눈을 감은 아이, 고개를 떨군 채 쪽잠에 빠진 아이, 책을 펴놓고 숙제를 하는 아이까지 대부분 혼자였다. 예약은 오후 5시였지만, 1시간 이상 대기는 기본이었다. 진료실 문이 열리는 시간은 언제나 마감 시각을 훌쩍 넘겼다. 그 풍경은 아이들의 상처가 더는 특별하지 않다는 사실을 여실히 보여줬다.

매주 같은 시간 찾아가도 얼굴들은 매번 달랐다. 피로에 찌든 표정, 웅크린 어깨와 거북목, 비스듬히 소파에 기댄 지친 몸짓들… 무심한 일상 속에 감춰진 아픔의 실루엣이 어른거렸다. 정상과 비정상의 경계가 얼마나 얇은 허상인지, 그곳에선 분명하게 드러났다. 아이들은 평범함의 보호색 아래에서 서서히 시들고 있었다.

무엇이 이토록 많은 아이들을 병들게 했을까.

질병관리청의 2022년 청소년 건강행태조사는 이 숨겨진 고통을 수치로 드러낸다. 청소년 4명 중 1명이 우울감을 경험했고, 10명 중 1명은 자살을 심각하게 고민했다. 학년이 올라갈수록 이 비율은 가파르게 상승했다. 전체 청소년의 16.1퍼센트는 일생에 한 번 이상 정신질환을 겪으며, 특히 불안장애가 9.6퍼센트로 가장 높았다. 우리가 그저 '사춘기'라는 단어로 무심히 넘기는 12세에서 17세 사이 아이들에게 이 수치는 더욱 뚜렷했다.✢ 10대의 사망 원인 1위가 13년째 자살이고, 2019년 이후 십대 자살률이 34퍼센트나 높아졌는데도, 우리는 더 이상 놀라지 않는다.✢✢ 하지만 내 자식만은 아니길 바라는 건, 모든 부모가 가슴 깊이 감추고 있는 은밀한 기원이다. 나 역시 이 통계가 우리 가족의 이야기가 되리라곤 단 한순간도 상상하지 못했다. 끝까지 믿고 싶었던 내 아이는 다를 거라는 확신은, 마지막까지 붙든 허약한 방패였다.

서진이는 새로운 병원에서 우울증이 아닌 양극성 장애라는 진단을 받았다. 무기력과 자살 충동이 주된 증상이었지만, 그 밖에도 설명하기 어려운 감정의 요동이 존재했다. 우울증은 침잠

✢ 교육부·질병관리청, 《2022년 학생 건강검사 및 청소년건강행태조사 결과 발표》, 2023.

✢✢ "4년 만에 34% 급증한 10대 자살… '사회적 재난' 수준이지만 도움은 막막", 〈MBC 뉴스데스크〉, 2025. 9. 10.

이 최소 2주 이상 이어지고, 일상을 잠식한다. 반면 양극성 장애는 깊이 가라앉았다가 이유 없이 부풀어 오르며, 감정의 진폭이 넓다. 양극성 장애는 조증의 강도에 따라 현실 감각까지 무너뜨리는 1형과, 겉은 평온하지만 속의 파동이 잘 드러나지 않는 2형으로 나뉜다. 서진이는 양극성 장애 2형이었다. 연극 무대 위에서, 축제의 댄스 공연에서 빛나던 아이가 밤이 되면 돌연 이불 속으로 가라앉았던 일들이 머릿속을 스쳤다. 나는 그 이중성을 처음으로 이해했다.

어릴 적부터 서진이는 유난히 밝았고, 분위기를 띄울 줄 아는 아이였다. 누구도 그 기세를 따라가지 못할 만큼, 한 번 웃음이 터지면 주변 공기가 달라졌다. 태어날 때부터 넘친 에너지가 경조증의 그림자였던 건지, 아니면 우울이 스며들어 양극성이 된 건지 진단을 듣고도 혼란스러웠다. 활발했지만 한 번도 사고를 치지 않았던 그 성격은 분명 장점이었는데, 어느 날부터 병의 징후로 불리기 시작했다.

양극성 장애 2형은 들뜬 시기보다 우울이 길고 짙게 이어져, 특히 자살 위험이 높다는 점에서 치명적인 질환이다. 이 진단이 모든 것을 설명해 주지는 못하지만, 서진이의 자살 사고를 이해하는 데 하나의 열쇠가 되었다. 병명이 바뀌자 항우울제가 아닌 기분조절제 리튬이 처방되었다. 그러나 호전은 없었다. 의사 선생님은 리튬을 유지한 채, 다른 약을 더하면서 수차례 조합을 바꾸었다. 마지막 진료 때는 그동안 안 쓰던 항우울제를 다시 처방했다. 서진이는 잠이 점점 많아졌고, 여드름이 돋고 몸이 불었다. 부작용이 쌓이자 약에 기대었던 희망은 실망으로, 실망은 곧 깊은 불신으로 바뀌었다. 서진이는 몰래 약을 거르기 시작했다. 자살 충동은 더 이상 막연한 기운이 아니었다. 점점 뚜렷한 방향과 형태를 띠기 시작했다.

서진이는 기숙사 생활을 고집했다. 혼자 있는 밤의 고립보다 친구들과 어울리는 연결감 속에서 불안을 누그러뜨리려 했다. 약을 거르고 자해가 반복되면서, 그 공간마저 위태로워졌다. 친구들의 곁에 있어도 단절감은 깊어졌고, 그 감정은 서서히 위협의 얼굴을 드러냈다.

"자퇴해도 돼. 그것도 싫으면 휴학하고 여행 다니면서 쉬자. 너 한달살이 해보고 싶어 했잖아. 엄마는 네가 편해진다면 뭐든 괜찮아."

나의 조심스러운 제안에 아이는 강하게 고개를 저었다. 그 무엇도 서진이가 원하는 길이 아니었다. 남편이 있는 지역으로 전학하면 지금보다 수업 강도도 낮고 오후 4시면 귀가할 수 있는 환경이었지만, 아이는 친구들과 멀어지는 일만은 받아들일 수 없었다. 그 결심이 워낙 단단했기에 나는 꺾을 힘도 묘안도 없었다. 억지로 방향을 바꾸면 아이를 자극해서 더 나쁜 결과를 초래할 것 같아 살얼음을 디디듯 조심스레 다가갈 수밖에 없었다. 결국 우리가 찾은 유일한 타협은 고2 때부터 집에서 통학하는 것이었다.

통학으로 바뀌면서 하루의 강도는 더 거칠어졌다. 모든 틈이 사라진 시간표 속에서 서진이는 몽롱한 몸을 이끌고 버텼다. 수면은 늘 부족했고, 몸은 자꾸 잠에 무너졌다. 그 무너짐을 아이는 나약함으로 여겼고, 그 책망은 자신에 대한 차가운 혐오로 기울었다.

"잠 때문에 아무것도 할 수가 없어요."

그 말에 서진이의 하루와 마음이 모두 쓰러져 있었다.

약을 거르지 않게 챙기는 일이 어느새 나의 가장 중요한 일과가 되었다. 억지로라도 눕히고, 또다시 하루를 끌어가는 날들이 이어졌다. 아이를 지키기 위해 쏟아붓는 모든 노력이 오히려 아이를 더 깊은 늪으로 밀어 넣는 건 아닐까 하는 두려움이 부풀었다. 산소가 희박한 어항 속에서 간신히 입을 내밀어 숨을 삼키는 금붕어처럼, 아이는 생의 표면에서 힘겹게 뻐끔거리며 숨을 이어갔다.

고립되어 가는 아이들

급식을 먹고 교실로 돌아가는 길, 발치 가까이에 흰나비 한 마리가 스쳐갔어. 또 눈물이 차올랐어. 그거 너 맞지? 네가 우리 주변을 맴도는 것만 같았어. 너도 우리가 그리워서 온 거지?

장례식 마지막 날, 딸의 친구들이 B4용지에 꼭꼭 눌러쓴 편지 묶음을 영전에 놓고 갔다. 그것들을 열어 볼 엄두조차 나지 않았다.

몇 달 뒤, 짐을 정리하다 그 묶음이 발밑으로 툭 떨어졌다. 더는 외면할 수 없게, 나를 불러 세우는 것 같았다. 손 글씨로 빼곡한 편지를 한 장씩 펼쳐 들었다.

함께 웃고 떠들었던 추억, 상처를 알고도 지나쳐버린 나날에 대한 후회, 부디 이제 편히 쉬길 바라는 염원… 여고생들의 내밀한 고백은 발랄함과 처연함을 오갔다. 서진이가 위태롭다는 걸 직접 들은 건 극소수뿐이었다. 대부분은 전혀 몰랐거나, 눈치채고도 어떻게 다가가야 할지 몰랐다고 털어놓았다. 그들은 서진이가 죽음이라는 말을 꺼내도 호들갑 떨지 않고 차분히 곁을 지켜주었다. 나는 그러지 못했다. 반드시 살려야 한다는 절박감만 가득했다. 이제는 알 것 같다. 아이가 내게 함구한 건 내가 미워서가 아니라, 내 슬픔까지 짊어질 여력이 없었다는 걸. 엄마가 무너지는 모습을 보는 일은 또 다른 짐이었을 것이다.

내가 뭐라고 너의 선택에 끼어들 수 있겠어.

서진이의 친구들은 이렇게 생각하지 않았을까. 그들은 옳고 그름의 잣대를 들이대지 않았다. 정답을 찾을 수 없다는 걸 알았기에, 그저 서진이의 곁에서 함께 있어줄 뿐이었다.

편지를 읽으며, 나는 또 하나의 슬픈 진실을 알게 되었다. 서진이는 학교에서 작별하고 싶어 했다. 1년 전, 한 선배가 세상을 떠났을 때, 운구차가 운동장을 천천히 돌았던 풍경을 내게 들려준 적이 있었다. 나는 그 깊은 바람을 모른 채, 학교에 조용히 마무리하고 싶다고만 전했다. 친구들은 아이의 바람이 무산된 것을 아쉬워하며 자기들끼리 은밀하게 상실의 아픔을 나누었다.

서진이가 고2가 된 첫날, 담임 선생님은 상담이 필요하면 언제든 연락하라는 메시지를 학부모 단체방에 올렸다. 나는 그 말을 믿고, 서진이의 상황을 전하기 위해 문자를 보냈다.

"선생님, 아이의 건강 문제로 만나 뵙고 말씀드리고 싶은 게 있어 연락드렸습니다."

얼마 지나지 않아, 선생님에게서 전화가 걸려왔다.

"어머니, 어떤 일로 상담을 원하시는지요?"

"서진이가 우울과 불안이 심해 병원에 다니고 있습니다. 직접 뵙고 상의드리고 싶습니다."

"병원 서류는 서진이 편에 보내주세요. 학교까지 안 오셔도 됩니다."

아이의 상태를 묻는 질문조차 없었다. 전화는 그렇게 끝났다. 나는 다시는 선생님께 도움을 청하지 않았다. 그 이후 아이의 상태를 궁금해하는 연락은 단 한 번도 받지 못했지만 진료 관련 서류 요청은 계속됐다. 1학년 때는 담임 선생님한테 문자 한 통 보내는 것으로 진료 외출 허가가 충분했다. 그런데 2학년이 되자 매번 서류 제출이 필요했다. 감추고 싶은 진료는 늘 증명을 요구받았고, 그 과정은 서진이에게 들키고 싶지 않은 상처를 다시 꺼내 보이는 일이었다.

매주 정기적인 외출을 위해 외출 요일이 적힌 확인서를 상담실에 부탁해 새로 만들었다. 우리에게는 숨구멍 같은 시간이었지만, 학교에는 그저 증빙이 필요한 관외 행사일 뿐이었다.

돌이켜 보면, 1학년 담임 선생님의 세심한 배려가 아이를 지켰다. 서진이의 사정을 내색하지 않고 헤아리고 다른 아이들의 시선이 부러 닿지 않게 신경 써준 그 마음 덕분에 서진이는 잘 버틸 수 있었던 것 같다. 서진이는 떠나기 전에 1학년 때 담임 선생님을 찾아가 인사를 했다. 그것이 학교라는 세계에서 아이가 어른에게 건넨 마지막 마음이었다.

2학년 내내 제출한 진료확인서와 상담확인서는 그저 무미건조한 행정 서류로 취급됐다. 아무도 그 기록 너머 아이의 고통을 들여다보지 않았다. 장례식에서 처음 본 담임 선생님은 그제야 물었다. 새 학기에 했어야 할, 뒤늦은 질문을.

"제가 교사 생활 20년 넘게 했지만 이런 일은 처음입니다. 서진이는 워낙 모범생이라 전혀 몰랐습니다. 우울증이 그렇게 심했습니까?"

나는 이상할 만큼 덤덤했다. 이어지는 질문에도 흔들리지 않았다.

"어머니, 그럼… 서진이는 혹시 어떻게?…"

아무도 입에 올리지 못했던 말이었다.

"추락사예요."

기대가 없으면 분노도 일어나지 않는다. 그의 질문이 자살

사고 보고서 작성을 위한 확인 절차라는 것을 짐작했다. 나는 그의 모든 질문에 정중히 답했고, 아무 말 없이 그를 돌려보냈다.

서진이의 외삼촌은 입술을 꾹 다문 채 미간을 짙게 찌푸렸다. 고등학교 교사인 그에게는 참기 어려운 울분이 치미는 듯했다. 나는 아무 말도 하지 않았다. 가장 깊은 원망을 받아야 할 사람은 언제나 나라고 믿었기에, 누구도 탓할 수 없었다. 그 후에도 서류 문제로 원치 않는 연락이 이어졌다.

"어머니, 경황이 없으신데 죄송합니다. 서진이 학적 말소를 위해 사망진단서가 필요해서 연락드렸습니다."

"네, 사망진단서는 따로 없고, 경찰서에서 받은 검시필증만 있습니다."

사망진단서는 왜 없는지 설명해야 했고, 검시필증으로 충분히 대체할 수 있다는 근거까지 덧붙여야 했다. 담임 선생님이 교육청에 확인한 끝에야 비로소 수용되었다.

서진이의 위기를 알았던 친구들 중 누구도 선생님이나 위클래스(학생 상담과 정서 지원을 위해 학교 안에 설치된 소통 및 상담 공간)를 찾지 않았다. 학교 안에서 신뢰할 수 있는 어른을 찾는 일도 그들에겐 쉽지 않았을 것이다. 아이들이 상담실 문을 두드린 건, 서진이가 세상을 떠난 뒤였다. 나중에 알고 놀라웠던 사실은, 몇몇 아이들이 이미 각자의 질환으로 병원을 다니고 있었다는 것이다. 그렇게 많은 서진이들이, 자신의 병을 숨긴 채 같은 교실에서 하루하루를 버티고 있었다.

청소년기의 감정 위기는 바이러스처럼 빠르게 퍼진다. 한 아이의 무너짐은 다른 아이의 마음에 균열을 일으키고, 슬픔은 소리 없이 확산된다. 자살 사건이 발생한 학교의 조사에 따르면, 같은 학년 학생 4명 중 1명은 외상 후 스트레스를, 10명 중 1명은 우울감을, 5명 중 1명은 자살 충동을 경험했다.[*] 이 숫자들은 단순한 통계를 넘어 서진이 친구들이 감내했을 비탄의 단면을 보여준다. 그들 역시 상처를 숨긴 채, 자살 생존자로서 살아가고 있다.

---

[*] "학생자살사망보고서 최초 전수 분석, 어떻게?", 〈EBS 뉴스〉, 2024. 11. 12.

왜 몰라보는 구조일까?

7개월의 치료 기간 동안 나도 아이도 특별히 내색하지 않은 탓에 서진이의 부고는 많은 이들에게 날벼락과 같았다. 그 충격으로 치료를 받아야 했던 이들도 있었다. 그렇게, 우리는 모두 자살 생존자가 되었다.

자살 생존자는 자살에서 살아남은 이가 아니다. 갑작스러운 죽음의 여파로 삶의 축이 무너진 사람이다. 연세대학교 송인한 교수는 한 사람이 생을 마감하면 평균 6명의 가족과 20명의 주변인의 삶이 뒤흔들린다고 말했다. 한국처럼 관계의 결속이 유독 촘촘한 사회에서 그 영향은 더 멀리, 깊게 퍼진다. 자살은 더 이상 개인의 고통에 머물지 않는다. 그것은 공동체 전체에 깊은 상흔을 남긴다.* 미국 켄터키대학교 줄리 세렐 교수 연구팀은 이 수치가 지나치게 낮다고 했다. 'Not Six'라는 캠페인에서, 한 건의 자살이 평균 135명의 삶에 파문을 일으킨다고 밝혔다.** 서진이가 남긴 파장도 그랬다. 우리 가족과 친척을 넘어 친구들, 나아가 우리 가족을 아는 수많은 사람들에게까지 광범위하게 번져갔다.

통계청에 따르면 매일 40.6명, 35분당 1명이 스스로 삶을 멈춘다.*** 그 숫자를 합치면, 연간 14,872명. 읍 하나가 통째로 사라지는 규모다. 그 안에 내 자식이 있을 줄 어찌 짐작이나 했겠는가. 드러나지 않았을 뿐, 그 비극은 교통사고보다 더 자주 우리 곁에서 일어나고 있었다. 동네에서, 학교에서, 건너 건너 아는 누군가가 이미 그 1명이었다. 이름만 아는 동창도, 직장 동료의 어머니도, 인사하며 지내던 분의 아들도, 아이들이 다니던 학교의 학생들도 모두 그 통계의 편린이 되었다.

프랑스 사회학자 에밀 뒤르켐은 《자살론》에서 자살을 개인의 병이 아니라, 사회 구조의 병리로 보았다. '사회적 타살'이라

---

* 송인한, 〈사회적 관계 내 자살 노출 실태 및 주관적 영향에 관한 연구: 자살 생존자에 대한 전국 규모 온라인 조사 분석〉, 《한국사회복지조사연구》 제73호, 2022.
** Julie Cerel, Margaret M Brown, Myfanwy Maple, Michael Singleton, Judy van de Venne, Melinda Moore, Chris Flaherty, "How Many People Are Exposed to Suicide? Not Six", *Suicide and Life-Threatening Behavior*, 2018. 3. 7.
*** 통계청, 《2024년 사망원인통계 결과》, 2025.

는 개념은 그로부터 비롯되었다. 자살은 누군가의 약함 때문이 아니다. 더는 붙들 것도, 기다릴 것도 남지 않은 끝에서 벌어지는 일이다.

한국은 2003년 이후 20년 넘게 OECD 38개 회원국 가운데 자살률 1위를 기록하고 있다. 2024년 기준 인구 10만 명당 28.3명으로 회원국 평균인 10.6명의 3배에 이른다. 반면, 위기 시 의지할 수 있는 사람의 수를 나타내는 사회관계망 지수는 최하위다. 이 척박한 토대 위에서 청소년들은 더욱 고립된 채 내몰리고 있다. 매년 청소년 자살률은 역대 최악을 갱신하고 있다. EBS가 2024년 입수한 〈학생 자살 사안 보고서〉에 따르면 초등학생과 중학생의 자살자 수는 예년에 비해 각각 3배가량 증가했다. 자살이 가장 많이 발생한 시기는 고등학교 1학년에서 중학교 3학년으로까지 내려왔다.✢

아이들은 단 하나의 이유로 무너지지 않는다. 학업의 압박, 가족 내 갈등, 이름조차 붙이기 어려운 마음의 통증이 겹겹이 쌓이며 길을 잃었다. 자살 연구 분야의 세계적 권위자인 로리 오코너도 《마지막 끈을 놓기 전에》에서 자살은 단일한 원인으로 발

✢ "학생자살사망보고서 최초 전수 분석, 어떻게?", 〈EBS 뉴스〉, 2024. 11. 12.

생하지 않는다고 말한다. 생물학적, 심리적, 임상적, 사회적·문화적 요인이 퍼펙트 스톰처럼 동시다발적으로 밀려올 때, 생명은 한계에 다다른다. 대부분의 경우, 자살은 삶을 끝내고 싶은 게 아니라, 견딜 수 없는 고통에서 벗어나고 싶은 절박함에서 비롯된다. 하지만 그 징후는 겉으로 잘 드러나지 않았다. 평범해 보였던 아이들이 아무 말 없이 우리 곁을 떠났다. 출결도 양호했고 징계도 없었다. 보이지 않는 절망이 아이들의 내면을 무너뜨리고 있었다. 사망 직전 두 달 안에 정서적 어려움을 겪은 학생이 절반에 달했고, 92.3퍼센트는 이미 정신과 진료를 받은 경험이 있었다.✣ 치료받고 있었다는 사실만으로는, 아이들의 위태로움을 막아내지 못했다. 그 기록은 오히려 끝까지 버텨 보려고 애썼다는 안간힘의 증거로 읽혔다.

　우리는 무엇을 놓쳤던 걸까. 아이들이 보낸 신호는 왜 그토록 자주, 늦게 읽힐까. 정서적 위기는 한 가정의 책임만으로는 설명되지 않는다. 기대야 할 제도는 멀었고, 이제 질문은 다르게 던져져야 한다. "왜 몰랐을까?"가 아니라, "왜 몰라보는 구조일까?" 구조 요청을 보냈던 아이보다, 손 내밀어야 했던 어른과 사회는 훨씬 더 준비되어 있어야 했다.

✣　"학생자살사망보고서 최초 전수 분석, 어떻게?", 〈EBS 뉴스〉, 2024. 11. 12.

정끝별 시인은 스스로 생을 마감한 제자를 향해 〈투신천국〉에서 이렇게 읊조린다.

> 재벌 3세가 뛰어내렸다는 신문기사를 읽고 출근한 아침
> 그날 하루 부산에서만 십 대 세 명이 뛰어내렸다는 인터넷 오후 뉴스를 보다가
> 이런, 한강에 뛰어내렸다는 제자의 부음 전화를 받고
> 저녁 강변북로를 타고 순천향병원에 문상 간다(…)
>
> 악 소리도 없이 별똥별처럼 뛰어내린 너는
> 그날그날을 투신하며 살았던 거지?
> 발끝에 절벽을 매단 채 살았던 너는
> 투신할 데가 투신한 애인밖에 없었던 거지?*

이 시를 읽는데 서진이의 시간이 아프게 겹쳐왔다. 언뜻 평범해 보였던 날들은 사실 매 순간 작은 투신이 반복된 시간이었다. 오래도록 우리는 자살을 한 사람의 극단적인 선택이라 여겨왔다. 그것은 번개의 섬광 같은 순간이 아니다. 혼자 감당할 수

✢ 정끝별, 《문학동네시인선 063 은는이가》, 문학동네, 2014, 100쪽.

없는 무게가 오래 머물다, 감정의 붕괴와 맞닿은 끝이었다.

　아이 곁에 가장 가까이 있던 어른인 나는 누구보다 무거운 책임을 진다. 그렇다고 해도, 그 모든 것을 한 가정의 실패로만 돌릴 수는 없다. 끝없는 경쟁을 부추긴 학교와, 아이를 고립시킨 사회의 구조는 결코 한 생의 죽음을 사적인 이야기로만 가둘 수 없다.

　즉흥적인 결단 같은 것은 없었다. 떠나기로 한 날까지 서진이는 오랜 시간 스스로를 설득하며 다잡은 결심 속에 마지막을 향해 걸어갔다. 그 와중에도 아이는 기말고사를 치렀고, 방학특강을 신청했다. 언제나처럼 성실하게 일상을 이어갔다. 그 모든 것 너머에 헤어짐의 문턱이 기다리고 있음을 누구에게도 들키지 않은 채.

　　엄마 아빠 안녕하세요, 우리 집의 소중한 딸 서진이에요.
　　사실 이런 소식으로 엄마 아빠를 만나고 싶진 않았지만
　　언젠가는 이런 날이 오기를 오랫동안 기다리고 있었어요.
　　그 누구보다 제 죽음을 예견하고 대비해 왔어요.
　　그럼에도 너무 힘들어서 택한 선택이에요.

　아이는 그렇게 마지막 인사를 시작했다. 가족들과 스티커 사진을 찍고 외식을 하고, 절친한 친구와 산책을 하며 기말고사 직후의 휴식을 즐기는 줄 알았다. 그 하루가 짧은 생의 마침표였다는 걸 우리는 나중에서야 깨달았다. 서진이는 마지막까지 한 그루의 사과나무를 심고 싶었던 걸까. 아이는 자신의 최후를 차분히 정리하고 있었다. 그 모든 행동이 아이만의 작별 의식이었다.

> 내 세상이었던 우리 가족, 많이 사랑하지 못해서 미안해요.
> 제 그릇이 한없이 작아서, 많은 고통만 줘서 죄송해요.
> 이기적이라서 미안해요.
> 사랑을 표현하지 못해서 죄송해요.
> 많이 사랑해요. 고마웠어요. 살고 싶을 만큼 미안해요.
> 우리 가족이 얼마나 나한테 소중한 존재였는지 이제야 깨달아서 죄송해요.

아이는 미안하다는 말을 몇 번이고 반복했다. 잘 살고 싶었고, 끝까지 사랑하고 싶었지만 끝끝내 살아내지 못한 진심이 절규처럼 번져갔다. 마지막 순간까지도 자신보다는 남겨질 가족의 고통을 걱정했던 내 아이. 네가 남긴 마음 앞에서 내가 줄 수 있는 대답은 무엇이어야 할까. 나는 지금도 그 대답을 향해 멈추지 않는 길 위에 서 있다.

오늘도 견디고 있을 너에게

서진이를 기억하는 방식은 친구마다 달랐다. 누군가는 서진이와 함께 찍은 옛 사진을 카카오톡 프로필에 걸어두었고, 또 누군가는 온라인에 일기처럼 그리움을 적었다. 간간이 내게도 안부가 도착했다. 그중 고등학교 친구 민하의 편지는, 말간 물 위에 번지는 파문처럼 고요하던 나를 일렁이게 했다. 민하는 내가 글을 연재하던 플랫폼의 메일을 통해 연락해 왔다.

"연락을 드리기까지 정말 많이 고민했어요. 괜히 상처를 헤집는 건 아닐까 걱정도 됐지만, 어머니의 안부가 궁금해 용기를 냈어요."

망설임이 묻어 있는 문장 너머로, 오래 서성였을 아이의 모습이 그려졌다.

"저는 조울증과 ADHD로 치료받고 있어요. 서진이와 비슷한 고통을 견뎌왔기에, 그 아이가 마지막까지 얼마나 고된 사투를 벌였을지 짐작이 갔어요."

서진이의 발자국 위로, 또 하나의 발자국이 포개지는 듯했다. 가슴이 내려앉았다.

"서진이는 자신도 힘겨운 와중에 주변까지 돌보던 대단한 아이였어요. 속마음을 털어놓지 않아 서운하기도 했지만, 그건 서진이가 우리를 사랑한 방식이었다고 생각해요."

민하의 글은 고등학생이 썼다고 믿기 어려울 만큼 섬세하고 단정했다.

나는 아이들의 생생한 목소리를 듣고 싶었다. 민하에게는 쓰고 있는 책에 지금을 살아내는 10대의 목소리를 담고 싶다고 말했다. 그녀는 기꺼이, 어떤 방식으로든 도움이 되고 싶다고 답했다. 그리고 얼마 뒤, 다시 민하의 이름을 본 건 메일함에서였다.

"저의 적나라한 속마음과 과거를 꺼내는 게 많이 부끄럽기도 하지만, 이 글이 저와 비슷한 아픔을 가진 친구들에게 조금이나마 도움이 되었으면 좋겠어요."

여과되지 않은 진심이 일곱 장에 펼쳐져 있었다. 그 울림이 커서, 읽다가 몇 번 눈을 감았다.

교실 한복판에 앉아 있는 것조차 버거운 순간이 있다. 누구도 날

주시하지 않는데도, 보이지 않는 시선이 살을 파고드는 듯하다. 나만 둥둥 떠다니는 듯 이질감이 들면, 어디든 도망치고 싶어진다. 쉬는 시간이면 화장실 구석으로 향한다. 아무도 없는 공간에 나를 가두면 잠시 안심이 된다. 하지만 곧, 알 수 없는 혐오가 차오른다. 어둡고 날 선 충동이 몸을 조여온다. 자해는 자살 충동과는 다르다. 스스로를 해치지 않으면 진짜 죽어버릴 것 같아 또다시 나를 긋는다.

서진이와 민하가 교차하며 떠올랐다. 서진이 손등에 얇게 긁힌 듯한 상처가 여러 줄 있는 걸 본 날, 나는 물었다.

"서진아, 손등이 왜 그래?"

"학교에 사는 고양이가 할퀸 거예요."

길고양이에게 워낙 다정한 아이였기에, 그 말을 그대로 믿었다. 그땐 자해라는 단어가 내게 없었다. 상상조차 못 했고, 의심할 줄도 몰랐다. 샤프로 시작된 상처는 눈썹 칼을 지나 커터 칼로 옮겨갔다. 아이의 침묵은 점점 짙어졌다. 같은 칸막이 안, 두 아이는 서로를 모른 채 각자의 비명을 삼키고 있었다.

흉터를 남기기 싫어서 충동이 올라올 때마다 머리를 벽에 박기도 했다. 하나둘 늘어나는 자국을 볼 때마다 미치도록 괴로웠다.

여름이 되면 어떡하지? 체육 시간에도 긴팔을 입어야 한다. 팔토시라도 사야 할까? 팔 위에 남은 흉터들은 '너는 여기서 벗어날 수 없어'라고 몰아붙이는 것 같았다.

자해는 어른들이 가장 이해하지 못하는 행위 중 하나다. 처음에 들켰을 때 정말 많이 혼났다. 왜 나를 다치게 하는 일이 다른 사람에게 상처 주는 것보다 더 나쁘냐고 물었지만, 돌아오는 건 비난뿐이었다. 엄마는 갈수록 지쳐갔고, 나를 잘못 키운 것 같다며 절망했다. 어떤 말은 칼날보다 날카롭게 나를 찔렀다.

나는 거기서 멈췄다. 민하의 고백과 닮은 기억이, 내 안에서 깨어났다. 서진이가 자해를 한다는 사실을 병원을 다니고서야 알게 되었다. 의사 선생님이 조언한 대로 나는 최대한 평온한 말투로 아이를 불렀다.

"서진아, 자해만은 하지 마. 알지?"

"그냥 하는 거예요. 그러면 기분이 좀 나아져요. 엄마가 손톱 물어뜯는 거랑 같아요."

아이의 눈빛은 날을 세우고 있었다. 그 안엔, 그만하라는 외침이 서려 있었다.

이거라도 하게 그냥 놔두라고. 아무것도 묻지 말라고.

더는 다가갈 수가 없었다. 아이가 잠든 틈에 조심스레 몸을 살피고, 연고를 바르던 밤들이 떠올랐다. 아이 몸에 새겨진 선들을 내 몸으로 옮겨올 수만 있다면. 가슴이 찢기는 소리를 들으며 지새운 밤들이었다. 민하의 고백은 계속되었다.

> 어릴 때부터 우울했다. ADHD 증상은 꾸지람으로 돌아왔고, 허전한 마음은 채워지지 않았다. 믿었던 친구에게 버림받고 따돌림을 당한 뒤, 죽음을 간절히 바라기 시작했다. 고등학교에 입학했지만, 무력감에 지쳐 자퇴했다. 공부하지 않으면 혼났고, 그래서 어떻게든 해내려 했다. 하지만 그 과정이 나를 천천히 갉아먹었다. 그 시기에 제대로 쉴 수 있었다면, 나는 덜 부서졌을까.
> 부모님의 요구에 다시 학교로 돌아갔다. 친구들보다 한 살 많은 고1이 되었다. 처음엔 그럭저럭 괜찮았다. 전교 1등을 하기도 했다. 하지만 고2가 되면서 상태가 급격히 악화됐고, 눌러둔 감정이 한순간에 터졌다. 그제야 병원을 찾았다. 엄마는 질병 코드가 남을까 봐 솔직히 말하지 말라 했다. 정말이지 난 이렇게 아픈데. 엄마에겐 뭐가 더 중요했던 걸까.
> 병원에서 주요 우울장애, 공황장애, 강박장애를 진단받았다. 약을 먹자 기분의 곡선은 완만해졌지만, 동시에 아무것도 느껴지지 않았다. 그냥, 비어 있었다. 그럼에도 늘 웃었다. 그래야 버려지지 않을 것 같았으니까. 감정을 드러내면 다 떠날 것만 같았다.

서진이가 처음부터 병원을 꺼렸던 건 아니다. 심리검사를 해봐야 할 것 같다고 먼저 제안한 것도 서진이었으니까. 하지만 단순한 우울일 거라 믿었던 자신에게 양극성 장애 2형이라는 진단명이 내려진 날, 아이는 무너졌다. 병명이 명확해졌으니 이제 제대로 치료받을 수 있다고 안도했던 나와는 달리, 서진이는 간신히 붙들고 있던 희망을 놓고 말았다.

민하의 글은 어느덧, 서진이의 마지막을 말하고 있었다.

소중한 친구를 잃었다. 깊은 후회와 죄책감이 밀려왔지만, 시간이 흐르자 그 죽음에서 오히려 죽을 용기를 얻었다. 자살할 계획을 세웠다. 그렇게 나는 내 삶에 카운트다운을 걸었다. 작은 상자에 약을 담고, 포스트잇에 날짜와 용량을 적었다. 일주일, 사흘, 하루… 남은 시간을 하나씩 지워나갔다. 드디어 약이 다 모였다. 그런데 삼킬 수가 없었다. 죽음이 코앞에 닿자, 아주 작고 미약한 감각이 손목을 붙잡았다.

살고 싶어.

아마도 나는 정말 없어지고 싶었던 게 아니라, 살아 있다는 걸 누군가에게 확인받고 싶었던 걸지도 모른다. 슬프고 괴로워야만 나를 알아봐 줄 것 같았고, 불쌍해야 사랑받을 수 있다고 믿으면서.

서진이의 죽음은 단지 과거의 사건으로 끝나지 않았다. 그날의 파장은 민하의 삶을 따라 진동하고 있었다. 물론 모든 원인을 서진이에게 돌릴 순 없다. 각자의 병이 다르고, 살아온 궤적도 다르다. 하지만 열여덟의 나이에 친구를 잃는다는 건, 누구에게든 삶의 중심축을 뒤흔드는 일이다. 민하는 그동안 수없이 쓰러지면서도 매번 자신을 다시 세웠다. 그 모습이 괜히 고마웠다. 그녀의 이야기가 조금 더 따뜻한 빛을 향해 나아가길 바라며, 페이지를 넘겼다.

> 내가 내세울 수 있는 유일한 가치는 아직도 성적뿐인 것 같다. 삶의 의미는 아직 잘 모르겠다. 성적이 많이 떨어져 가능할진 모르겠지만, 여러 일을 겪은 뒤 정신과 의사가 되고 싶어졌다. 나처럼, 서진이처럼 내면이 붕괴되어 가는 이들을 도와주고 싶다.
> 사람들 속에서 밝게 살아가려 할수록, 나는 더 작아지고 어두워졌다. 빛이 커질수록 그림자도 짙어지는 걸까. 그래도 계속 살아가다 보면, 언젠가는 이대로도 괜찮다고 느끼는 날이 올까.

상처가 말을 할 수 있다면 이런 소리를 낼 것이다. 누구보다 치열하게 살아내고 싶었던 열여덟 아이의 울부짖음이 문장마다 낮게 울렸다. 비슷한 아픔을 견디는 또래들을 더 깊이 이해해 주기를 바라는 마음으로, 민하는 자신의 가장 연약한 부분까지 기꺼이 열어 보였다. 마지막 인사는 더없이 다정했다.

"처음으로 제 이야기를 솔직히 꺼낼 수 있었어요. 덕분에 마음이 한결 홀가분해졌어요. 아직도 매일 도망치고 싶지만, 부끄럽지 않은 얼굴로 서진이에게 더 넓은 세상을 보여주고 싶어요."

아이들이 바랐던 건 거창한 해결이 아니라, 자신의 이야기를 끝까지 들어줄 누군가였을 것이다. 지금 이대로도 충분히 괜찮다는 마음을 전하고 싶어, 민하에게 답장을 썼다.

"괴테가 말했죠. 인간은 지향하는 한 방황한다고. 흔들리는 건 살아 있다는 증거고, 내 안에 아직 무언가를 향해 나아가려는 마음이 있다는 뜻이기도 해요. 우리, 흔들리더라도 피어나기로 해요."

해가 기우는 길을 걷다가 깨진 보도블록의 틈에서 돋아난 들꽃을 보았다. 한때는 화려한 꽃이 되길 꿈꿨지만, 지금의 나는 콘크리트를 비집고 올라와 밟혀도 굳히지 않는 그 질긴 생명력과 닮아 있다. 눈에 띄지 않는 삶에도 고유한 세계가 있다. 이토록 거친 땅에서도 포기하지 않고 자라나는 사실만으로, 우리는 이미 각자의 우주 안에서 눈부신 존재다. 꽃이어서 피어난 게 아니다. 끝내 견뎌낸 시간이 우리를 꽃으로 만든다.

3

그럼에도 삶은 계속된다

새로운 질서에 맞춰 살아가는 법

"에미야, 와 우노. 무슨 일이고. 자슥들이 속 썩이나."

이젠 내가 며느리인 것도 잘 못 알아보는 시어머니가 눈물로 범벅된 내 얼굴을 보자마자 정신을 번쩍 차리셨다. 우리의 관계도, 내 이름도 흐려졌지만 자식을 지키려는 본능만큼은 꺼지지 않는 걸까. 이 짧은 맑음조차 곧 사라질 걸 알기에, 아무 데도 쏟아내지 못한 속을 꺼내 놓았다.

"어머니… 우리 서진이 어떡하면 좋아요? 저… 어떻게 해요…."

속은 이미 새까맣게 타들어 가 조금만 건드려도 재처럼 흩어지던 날들이었다. 아이를 잃을지도 모른다는 질식할 듯한 공포와 누구에게도 꺼내지 못했던 불안이 잠시라도 머물 자리가 필요했다. 그 무게를 누구에게도 전가하지 않고 흘려보낼 수 있었던 유일한 곳. 기억이 저장되지 않는, 치매를 앓는 시어머니의 품이었다. 아무리 쓰린 말이라도 바로 지워지는 가장 조용한 은신처, 나의 어머니. 아끼던 외며느리조차 못 알아보는 어머니의 둥근 등에 얼굴을 묻고, 눌러두었던 서러움과 두려움을 꺽꺽 쏟아냈다.

"자슥은 원래 그런 기라. 공들여 키워놔도 저절로 큰 줄 알지. 너무 애끓이지 마래이. 그래그래 또 살아진다."

살아진다는 그 말 한 줄이, 이상하게도 따뜻했다. 당신의 생으로 증명해 온 말씀이었기에 그 순간만큼은 기대고 싶었다. 언 마음을 녹이던 그 온기가 채 식기도 전, 어머니의 눈빛은 다시 낯설게 흐려졌다.

"여가… 어디고?"

"어머니 집이에요."

"우리 집이라고? 내 쫌 누울란다. 니도 같이 눕자."

조금 전만 해도 형형한 눈빛으로 나와 대화를 나누던 어머니는 이내 백지상태로 돌아왔다. 자정이 지나면 모든 것이 제자리로 돌아가는 《신데렐라》 속 마법사의 마법이 풀린 듯. 나는 그 짧은 틈 사이에서 숨구멍 하나를 간신히 마련할 수 있었다. 훗날, 정말로 서진이를 떠나보냈을 때 나는 정작 어머니 앞에서 눈물

한 방울 흘리지 않았다. 이미 수많은 예행연습으로 슬픔이 앞서 다녀갔기 때문일까. 그 앞에선 더 이상 무너지고 싶지 않았다.

어머니에게는 묘한 촉이 있었다. 상대의 가장 연약한 부분을 단숨에 건드리는 질문을 던졌다. 이를테면, 대학에 다니지 않는 손자에게 반복해서 묻고 또 물었다.

"공부는 잘하나?"

"그냥 그래요."

"대학은 어디 다니노?"

"안 다녀요."

"대학을 안 다니면 우째 묵고 살라고. 너거 아부지는 공부 을마나 잘했는데."

진실만을 말하던 형진이도 되풀이되는 물음에 어느 순간부터는 대답을 바꿨다. 명문대에 다니고, 취업 걱정 없는 전도유망한 학생으로 할머니를 안심시켰다. 그것만이 대화를 서둘러 끝내는 유일한 방법이었다. 그 정도쯤은 웃어넘길 수 있었다. 문제는, 질문의 방향이 내게 향했을 때였다.

"니는 아가 몇이고?"

나는 담담했다. 오히려 당황한 건 옆에 앉아 있던 형님과 남편이었다.

"엄마, 그런 걸 왜 물어. 이제 좀 누워."

형님이 급히 말을 돌리려 했지만, 어머니는 마치 반드시 풀어야 할 숙제라도 되는 듯 끝끝내 물었다.

"아가 몇이고?"

"아들 하나요."

능청스럽게 대답했다. 예상보다 어렵지 않았다.

"딸은?"

순간, 목이 타들어 갔다. 굳이 사실을 말하지 않아도 됐지만, 딸이 있다고는 차마 할 수 없었다.

"딸은 없어요."

"허허. 딸도 없이 머 했노. 와 하나만 낳았노."

딸이 무려 넷이나 있는 어머니에겐 아들 하나뿐이라는 말은 이해하기 힘든 일이었다. 어머니의 말투에는 나무람이 아니라 정직한 안타까움이 묻어 있었다.

"그러게요…. 딸이 없네요."

대답에 점점 웃음기가 사라졌다.

"딸이 없으면 못 써. 남들 있을 건 다 있어야지."

어머니를 뵈러 갈 때마다 반복되는 장면이었다. 나는 이 불편한 흐름을 어떻게 끊을지 익히게 되었다. 여러 번의 경험 끝에 터득한 가장 무난한 퇴로.

"제가 몸이 아파서 더 못 낳았어요."

그 말은 어머니에게 늘 유효했다. 아프다는 말은 어머니의 걱정을 가장 빠르게 자극했다. 그녀의 눈빛이 일순 흔들렸다. 그러다 곧, 다시 처음으로 돌아갔다.

"니는 아가 몇이고?"

보다 못한 형님이 대화를 끊었다.

"올케, 거실로 나가자. 엄마는 누워서 좀 쉬셔."

말은 삶의 기록이라, 한 번 태어난 말은 쉽게 바뀌지 않는다. 20년 가까이 입에 밴 "아이 둘 있어요"를 "하나예요"로 바꾸는 일은 쉽지 않았다. 나는 내가 누구였는지, 우리가 어떤 가족이었는지를 한 문장씩 다시 조정해야 했다. 말의 구조를 바꿔놓고도 "우리 애들은…"이라고 무심결에 튀어나오면 상대가 눈치채지 않기를 바랐다. 그때부터는 복수형을 쓰지 않기 위해 온 신경을 곤두세웠다. 감추는 말과 피하는 말 사이 어딘가에서, 나는 오래된 입력값들을 하나하나 고쳐 쓰며 살아갔다. 형진이도 마찬가지였다. 형제가 있냐는 질문에 동생은 사라지고 외동이 되었다.

"새로 사귄 친구들은 제가 동생이 있는지 몰라요."

그건 선택이 아니라, 생존 조건이었다. 슬픔을 꺼내놓을 수 없는 자리에서는 내 마음보다 사회의 문장이 앞서야 했다. 나는 반복되는 침묵의 훈련 속에 길들여졌다. 말하지 않는 법을 익히고, 묻지 않는 얼굴들을 지나치며, 서진이를 내 안의 깊은 곳에 묻어두어야 했다.

그 침묵은 망각이 아니었다. 서진이는 눈앞에만 없을 뿐, 여전히 삶 곳곳에서 우리와 얽혀 있었다. 사라진 것이 아니라, 다른 방식으로 존재했다. 나는 서진이 없는 새로운 세계에 조금씩 몸을 들였다. 슬픔과는 별개로, 아이의 이름을 더 이상 부르지 않고 살아가는 법을 익혀가면서.

아이를 돌보며 살아온 오랜 습관과도 작별해야 했다. 서진이의 '엄마'라는 익숙한 삶. 아이의 입맛에 맞춰 요리를 하고, 아이의 일정 뒤에야 비로소 내 시간이 생기고, 아이 방의 불이 꺼진 후에야 내 하루가 끝나던 그 일상과도 헤어져야 했다. 누군가를 돌보는 일로 완성되던 삶에 갑자기 텅 빈 시간과 무한한 자유가 남았다. 돌봄이 곧 나의 삶이자 직업이었는데, 어느 날 그 자리에서 조용히 실직했다. 열일곱 해를 다닌 직장에서 예고 없이 정리해고된 사람처럼. 돌아갈 곳도 없이 출근길을 잃어버린 실직자처럼 한참을 헤맸다. 내 전부였던 자식을 잃었지만 아무것도 달라진 것 없는 세상 속에서, 나는 새로운 질서에 맞춰 살아가는 법을 천천히 익혀가고 있다.

우리만 아는 서사

학군지에서 국어와 수학으로 이름난 강사 Y와 J가 수능이 끝난 날 우리 집을 찾았다. 명절도 연휴도 없이 달려온 그들이 겨우 숨을 고를 수 있는 시기였다. 그 빠듯한 일정 속에서도 수업을 물리고 사흘 내내 제자의 마지막을 지킨 그들의 슬픔은 가족의 애도와 다르지 않았다.

수능 이후, 서진이가 잠든 추모공원을 함께 찾았다. 언젠가 우리는 아이가 입시를 무사히 마치면 다 같이 여행을 떠나자고 약속했었다. 치열했던 시간을 함께 축하하자던 기분 좋은 계획은 이제 영영 지킬 수 없는 꿈이 되었다. 수줍음 많던 제자를 잃고 그들이 어떤 나날을 견뎠을지는 굳이 묻지 않아도 알 수 있었다.

Y와 J는 낯선 한국 교육에 막 발을 들인 서진이가 부드럽게

안착할 수 있도록 기꺼이 손을 잡아주었다. 우리는 대학교 시절 동아리에서 선후배로 만났다. 뜨거운 20대를 함께 보냈고, 내가 결혼해 해외로 나가 살던 동안에도 그들은 우리 가족을 만나러 왔다. 서진이를 어린 시절부터 지켜봐 온, 오래되고 믿음직한 인연이었다.

이후 Y와 J, 그리고 몇몇 후배들이 뜻을 모아 학원을 세웠고, 지금은 대기자가 줄을 잇는 교육자로 성장했다. 내가 그들에게 서진이를 맡긴 건 단지 이름이 알려진 인기 강사들이라서가 아니었다. 치열한 사교육의 한복판에서도 아이에게 성적보다 마음을 건네줄 수 있는 어른이라 믿었기 때문이다.

"선생님은 제가 처음으로 의지한 어른이자, 선생님이세요. 늘 제게 최선을 다한 위로를 건네주셨어요. 제가 떠난 후 여러 생각이 드시겠지만, 저를 그리워하기보다는 추억해 주셨으면 좋겠습니다."

예상했던 대로, 서진이는 마음을 열었고 그들을 의지했다. 떠나는 날 서진이는 Y에게 장문의 메시지를 남겼다. 외로운 시간 속에서 처음으로 마음을 기댄 어른이기에 마지막 인사를 꼭 남기고 싶었으리라.

서진이는 학원 가는 시간을 좋아했다. 수업은 아이에게 쉼이자 기댈 곳이었다.

"수업은 안 하고 그냥 선생님이랑 떠들다 왔어."

그런 말을 하는 날에는 오히려 표정이 밝았다. 아이의 투병 기간 동안 Y와 J는 서진이뿐 아니라 불안에 떨던 나까지도 품었다. 슬픔이 모든 것을 덮은 뒤에도, 그들 앞에서는 애써 단단한 척하지 않아도 괜찮았다. 내 안의 모양 그대로 서 있어도 되는, 드문 관계였다. 엄마의 따스한 눈길에 신이 난 아기처럼, 나는 몇 달간의 묵언을 깨고 마음속 말들을 쏟아냈다. 그러다 서진이가 떠나기 전에 Y에게 남긴 한 문장이 오래도록 마음에 걸렸다고 털어놓았다.

저희 엄마 아빠, 이기적이지만 잘 부탁드려요.

나는 그 문장에 사로잡혀 한동안 허우적거렸다. '도대체 어떻게 했기에 아이 눈에 그렇게 비쳤을까?' 자문하며 마음속 깊은 곳까지 후벼 팠다.

"결국 안 되겠어서 상담 선생님께 여쭤봤어. '아이가 왜 우리를 이기적이라고 했을까요?'라고 물으니 선생님이 깜짝 놀라시더라. 그건 아이가 스스로를 이기적이라며 부모님을 부탁한 건데, 왜 그렇게 생각하냐고 되물으시더라고. 그제야 알았지. 내 죄책감으로 인해 맘대로 해석했다는 걸."

"누나, 그걸 몰랐어? 왜 말 안 했어? 나한테 물었으면 바로 아니라고 했을 텐데."

"만나면 물어보려 했지. 너는 서진이 마음을 알 거 같았거든. 선생님 말씀 듣고 나니까 이해되더라. 그날 남편 붙들고 얼마나 울었는지 몰라."

오해가 풀리던 순간, 마치 마음속에 한참 박혀 있던 결석이 쇄석기로 분쇄되는 것만 같았다. 숨겨져 있던 고통의 중심이 깨지자, 공기조차 가볍게 느껴졌다. 오랜만에 무거움 없이 웃을 수 있었다.

형진이가 아르바이트하는 일식당에서 Y와 J와 함께 저녁을 먹었다. 서진이가 떠난 후엔 형진이도 그들에게 마음을 열고 자연스럽게 따르게 되어, 내가 없이도 자기들끼리 연락을 잡아 만나는 사이가 되었다. 술이 들어가면 더 재밌어지는 남편의 모습도 참 오랜만이었다. 우리는 잠시 모든 것을 내려놓고 홀가분한 시간을 보냈다. 웃고 떠들고 가끔은 말없이 서로를 바라봤다. 완전히 새벽으로 기운 시간에, 나는 속내를 꺼냈다.

"너희가 겉으론 괜찮은 척하지만, 여전히 아플까 봐… 늘 마음에 걸려. 내가 너희에게 해줄 수 있는 건, 잘 지내는 모습을 보여주는 것밖에 없을 것 같았어."

그들도 조카처럼 아꼈던 아이를 떠나보낸 자살 생존자였다. 처음엔 나와의 인연으로 시작된 관계였지만, 어느 순간부터는 서진이와 그들만의 시간이 있었다. 그 깊이를 다 짐작할 수 없기에 괜찮냐는 말이 자꾸 목구멍에서 멈췄다.

"보여주긴 뭘 보여줘. 그냥 이대로 잘 지내면 돼. 시간이 얼마나 걸릴지는 몰라도, 우리는 우리가 알아서 이겨낼 거야."

Y는 '누나 걱정이나 하라'며 웃었지만, 그의 삶에도 변화가 생겼다. 골초였던 그는 더 이상 아지트였던 옥상에서 담배를 피우지 못한다. J는 서진이가 쓰던 문제집을 정리하지 못한 채 학원 한편에 쌓아뒀다. '내 걱정 말고 너나 잘하세요' 같은 말을 주고받으며 서로를 가볍게 웃기던 사이, Y가 문득 진지한 얼굴로 물었다.

"그건 궁금했어…. 빠르다면 빠른 시간인데, 어떻게 마음을 정리하고 회복해 가는 건지…."

지금껏 유쾌하게 넘겨왔지만, 그 질문 앞에서 잠시 멈칫했다. 배 한가운데서부터 불이 피듯 열이 솟았고, 그 열기는 순식간에 가슴까지 번져왔다.

"엄마로서 미안했던 순간은 수도 없이 많지…. 그래도 내 온 맘을 다해 사랑했어. 내가 할 수 있는 건 다 한 거 같아."

서진이를 떠나보낸 후, 우리 가족은 '저 집엔 무슨 문제가 있겠지', '원인 없는 결과가 어딨겠어' 하는 식의 시선을 감당해야 했다. 사회적 낙인은 자식을 잃은 고통 위에 또 다른 무게를 얹었다. "자살로 가정이 문제가정이라는 낙인을 평생 지게 되는 것보다 더 큰 불명예가 있을까요."+ 한 어머니의 이 말은, 자살 유가족의 삶을 간명하게 대변한다. 김현아 교수는 《딸이 조용히 무너져 있었다》에서 "다른 어떤 질환보다 정신질환에 걸리게 되면 그 원인을 개인적인 잘못, 부모의 잘못으로 쉽게 몰아가는 경우를 볼 수 있다"++고 지적했다. 그 문장을 읽는 순간, 내가 겪고 있는 현실이 활자 위에 그대로 적혀 있는 듯했다.

서진이를 잃고, 삶에서 이탈한 사람처럼 살았다. 견뎌야 할 고통은 거기서 끝나지 않았다.

나는 '좋은 부모였던가'라는 질문 앞에 늘 피고처럼 서야 했다. 만약 아무 일도 없었다면, 나는 그냥 예의 바르고 성실한 딸을 둔 평범한 엄마로 남았을 것이다. 하지만 나조차도 내가 어떤 엄마였는지 확신할 수 없게 되었다.

서진이를 다그쳤던 날, 공부하라고 조급하게 굴었던 날, 실수를 꾸짖었던 장면들이 계속해서 떠올랐다. 그런 날들이 모여,

---

+ 엘리자베스 퀴블러 로스·데이비드 케슬러, 《상실 수업》, 김소향 옮김, 인빅투스, 2014, 261쪽.

++ 김현아, 《딸이 조용히 무너져 있었다》, 창비, 2023, 53쪽.

혹시 아이를 끝으로 밀어붙인 건 아닐까? 그 물음은 쉽게 가라앉지 않았다. 부족한 부모였지만, 아이를 내 목숨보다 아꼈다. 끝까지 붙들었고, 놓지 않으려 했다. 무엇을 더 할 수 있었을지 선뜻 떠오르지 않을 만큼, 나는 그 시간에 내 모든 걸 걸었다.

손가락 사이로 빠져나가는 모래알을 붙잡는 심정으로 나는 엄마로서, Y와 J는 선생님으로서 우리가 할 수 있는 최선을 다했다. 서로가 서로의 노력을 알기에 '할 수 있는 것을 다했다'는 내 말에 참고 있던 울음이 터졌다.

새벽 4시, 우리는 서로의 어깨를 붙들고 오래 울었다. 우리만 아는 서사가 아프고 서러워서. 그렇게 떠나버린 어린 영혼이 가여워서. 서로의 등을 어루만지며 눈물 속에 오래 서 있었다. 그러다 우리답게 다시 웃었다. 그제야 앞이 보이지 않는 암흑 속에서도 나는 혼자가 아니었다는 사실이 또렷해졌다.

늦은 작별

안부를 묻는 사람들에게 잘 지낸다는 말로 대화를 끝내는 일이 반복됐다. 걱정 어린 시선을 마주하는 건 매번 버거웠다. 상대방이 안심하는 표정을 보는 것이 슬픔을 꺼내는 일보다 훨씬 쉬웠다. 겉을 감싼 말들 아래, 쉴 곳 없는 감정들이 두텁게 쌓여갔다.

마음이 포화 상태에 이르면 나는 수신인 없는 글을 썼다. 누구에게도 들키지 않는 그 글 속에서 조용한 고해가 이어졌다. 울음처럼 번지는 글자들 사이에서 나를 겨우 내려놓을 수 있었다.

내가 너에게 바랐던 건 그저 너의 행복이었어. 너의 미소를 보는 게 내 하루치 행복이었다. 그 미소도 다 거짓이었던 거니? 너는 분명 웃고 있었는데….

두려웠어. 지독히도. 매일 네 마음에 스민 죽음의 그림자를 엿보는 일이 엄마는 무서웠어. 어떻게 이렇게 떠날 수 있니? 가장 잔인한 방식으로 엄마를 남겨두고… 너는 편안함에 이르렀을까.

나는 어떤 엄마였을까. 아이랑 시시콜콜한 이야기를 나누었어야 했다. 공부, 친구, 학교생활 이딴 거 말고. 상담사처럼 고민을 들어주고 나아가 해결사까지 되려 했다. 아이는 얼마나 부담스러웠을까.

널 위한 줄 알고 했던 일들이 날 위한 거였더라. 잠시나마 편안해 보이는 네 모습에 안심했던 건 결국 나였어.

나는 아직 서진이를 보내지 못한 채 그 자리에 붙들려 있었다. 두 손 가득 물을 퍼올리곤 쏟을까 옴짝달싹하지 못하는 마음이었다. 손가락 틈새로 똑똑 떨어지는 물방울이 서진이와 나 사이에 남은 마지막 인연 같았다. 빠져나간 만큼 멀어진다고 생각했지만, 빈자리는 금세 그리움으로 차올랐다.

아이를 비운다는 건 애초에 불가능한 일이었다. 비우려 할수록, 마음은 도리어 가득 찼다. 되돌릴 수 있는 것은 아무것도 없었다. 바꿀 수 있는 것은 오직 내 마음 하나뿐이었지만 그마저 쉽지 않았다.

상실의 고통에서 벗어나고 싶어 4박 5일 일정의 마음수련 프로그램에 참여했다. 아무도 나를 모르고, 누구도 서진이를 알지 못하는 곳에서 내 아픔을 털어놓고 싶었다.

내 순서가 되었을 때, 진행자가 내 마음을 아는 듯 말했다.

"딸에게 하고 싶은 말을 해보세요."

마지막 인사를 건네라는 통보로 들렸다. 그 한마디에, 묵혀 있던 감정들이 갑작스레 터져 나왔다. 그토록 많은 눈물이 한꺼번에 쏟아져 나올 줄 미처 몰랐다. 온몸이 덜덜 떨렸지만 나는 물러서지 않았다. 기필코 이 자리에서 서진이에게 하지 못한 말을 전해야 했다. 웅웅 울리는 공기 속에 우리 둘만 남겨진 듯했다.

서진아, 그동안 사느라 고생했어.

애썼어, 아가.

뒤돌아 보지 말고 마음 편히 떠나.

사랑했고, 또 사랑한다. 잘 가.

영영 입에 담을 수 없을 것 같았던 말이, 마침내 터져 나왔다. 가슴 밑바닥까지 흔드는 진동과 끝없이 밀려오는 눈물로 정신이 아득해졌다. 주변의 흐느낌까지 뒤섞여 세상은 몽롱하게 흔들렸다. 그날에서야 아이를 정말로 놓아주었다. 출산 후, 태반이 빠져나가듯 몸에서 아이가 분리되는 감각이었다. 숨이 조금 가벼워졌다.

며칠 후, 서진이가 꿈속에 찾아왔다. 찰나였지만 선명했다. 아이는 수학여행 갈 때 샀던 까만 미니스커트에 하얀 맨투맨을 예쁘게 입고 있었다. 낯익은 미국 학교의 복도에서 서진이는 특유의 미소로 나를 향해 손을 흔들었다. 다른 한 손에는 아빠의 마음을 아프게 했던 무거운 백팩을 들고서. 청춘드라마 속 하이틴 스타처럼 상큼하고 눈부셨다.

'아유, 고와라. 우리 딸 정말 예쁘네.'

속으로 감탄하면서도 입으로 간절히 외쳤다.

"가지 마. 제발, 엄마 두고 가지 마."

신기하게도, 꿈에서도 아이의 부재를 분명히 인식하고 있었다. 서진이는 말없이 손을 흔들며 멀어졌다. 나는 끊임없이 '가지 마'를 외치다 잠에서 깼다. 그 강렬한 장면이 잊히지 않아 엄마에게 이야기를 꺼냈다.

"엄마, 서진이가 꿈에 나왔어. 손을 흔들며 떠나더라."

"너희 아빠도 꿈에서 그랬어. 기차역에서 바바리를 입고 손을 흔들며 가더라고. 그러고는… 다신 못 봤지."

그날, 우리는 진짜 작별했는지도 모른다. 너는 마침내 안심하고 길을 떠난 걸까. 꿈에서 본 너는 살아 있을 때보다 훨씬 가벼워 보였다. 아프기 전의 너, 삶의 무게에서 해방된 너. 그토록 염원하던 너의 엔딩을 드디어 완성한 걸까.

잘 가, 영원히 열일곱인 내 딸아. 네가 괜찮다면 엄마도 괜찮아. 사랑한다.

슬픔을 건널 때는 동행이 필요하다

　서진이가 외롭지 않도록, 그 이름을 나보다 더 자주 불러주는 사람이 있었다. 국어 교사인 친구 S는 추모공원이 운영하는 온라인 추모록에 틈틈이 글을 남겼다. 그 은밀한 장소를 처음 알려준 것도 그녀였다. 이후 남편과 나, 그리고 S는 감정이 뭉근히 치미는 날이면 그곳을 찾았다. 서로의 흔적이 겹칠 걸 알면서도 개의치 않았다. 각자의 진심을 비우며, 침묵 속의 공모처럼 조용히 안부를 남겼다.

　누군가는 새벽의 적막을 타고 다녀갔고, 또 누군가는 한낮의 소란을 가르며 들렀다. 남편은 봉인해 둔 이야기를 꺼냈고, S는 엄마만이 쓸 수 있는 문장을 남겼다. 나는 서진이가 궁금해 할 것만 같아 남겨진 이들의 일상을 전했다. 그 뒤로 아이의 친구들도 저마다 한 줄씩 남겨두고 갔다.

언젠가 게시판을 훑던 내 시선이, 어느 호칭들 앞에 멈춰 섰다. 할아버지, 할머니, 엄마, 아빠… 그들 사이에 놓기엔, 서진이는 아직 터무니없이 어렸다. 마치 다 자란 나무들 사이에 간신히 싹을 틔운 새순 하나를 묻는 일 같았다. 시간이라는 흙에 뿌리를 내릴 틈도 없이, 그 여린 존재는 첫 비바람에 쓰러졌다. 이름 아래 새겨진 생몰 연도를 바라보는 일조차 뜨겁게 쓸려, 나는 그 게시판을 더는 들여다볼 수 없었다.

그 빈자리를 S가 지켜주었다. 내가 멈춘 자리에서, 그녀는 묵묵히 서진이의 이름을 불렀다. 그녀가 머물다 간 자리에 정호승 시인의 〈봄길〉이 놓여 있었다.

사랑이 끝난 곳에서도
사랑으로 남아 있는 사람이 있다
스스로 사랑이 되어
한없이 봄길을 걸어가는 사람이 있다✤

학생들에게 건넬 시를 고르다, 네 얼굴이 스쳤다.
모두 너를 향한 새로운 사랑을 시작했구나.

✤ 정호승, 《사랑하다가 죽어버려라》, 창비, 1999, 18쪽.

다음 주는 추석이다.
가족들에게 한번 다녀가렴.

S는 내가 바닥에 주저앉아 있을 때, 마치 땔감을 넣듯 책을 하나씩 내밀었다.

"글을 써 봐. 쓰면 좀, 살아져."

놀랐던 건 그다음이었다. 늘 단단해 보였던 그녀가 오랫동안 세상이 무서웠다고 털어놓았다.

"같이 일하는 선생님이 그러더라. 내가 '무서워'라는 말을 입버릇처럼 달고 산대. 그때 알았어. 내가 사실은 겁이 정말 많다는 걸."

처음 듣는 이야기였다. 왜 지금까지 침묵했던 걸까. 답을 알 수 없어, 나는 다시 그녀를 바라보았다.

"할 수 있을까, 내가 해도 되는 걸까 늘 망설였어. 가끔은 그냥… 내가 사라져도 아무도 모를 것 같았어."

30년을 곁에서 지켜본 친구의 낯선 속내에 나는 말문이 막혔다. 누구보다 유쾌하고 씩씩한 사람, 교단 위에서 가장 빛나던 S였으니까.

"너도 죽고 싶다는 생각을 했었던 거야?"

"직접적으로 그런 생각을 하진 않았지만, 항상 우울이 기저에 깔려 있었어. 나 하나쯤 없어져도 괜찮지 않을까 하는. 자존감은 늘 바닥을 기었지…. 다행히 잔잔한 성취들로 조금씩 회복하며 여기까지 왔네."

그녀를 버티게 한 건 거창한 희망이 아니었다. 자신을 믿지 못했던 날들 속에서 무너지지 않기 위해 조금씩 쌓아 올린 작고도 묵묵한 성취들이었다. 서진이에게도 그런 감각이 남아 있었더라면, 그 절망 속에서도 다른 문을 두드릴 수 있었을까.

내 안의 질문을 눈치챈 듯 그녀는 고개를 떨구며 말했다.

"내가 지금 학생이라면, 그런 성취의 기회를 과연 가질 수 있었을까? 요즘 아이들은 실수할 시간도, 만회할 틈도 없어. 나는 운 좋게 잘 살아남은 거야."

우리는 자주 진심을 나눴지만, 그날만큼은 달랐다. 처음으로 친구의 맨 얼굴을 목격한 것 같았다.

마음을 풀어놓은 건 S뿐만이 아니었다. 서진이의 부고를 내가 직접 알렸던 몇 안 되는 사람 중 하나. 내게 언니 같던 H 역시 오래 눌러두었던 비애를 입 밖으로 꺼냈다.

"엄마가 내가 열두 살 때 돌아가셨잖아. 그땐 너무 어렸는데 위로조차 받지 못했어. 할머니가 엄마 물건이랑 사진을 모조리 치워버려서 기억할 수 있는 게 하나도 없었어. 너무 보고 싶은데,

모습조차 흐릿해졌어. 그래서 내내 아팠어. 그때의 장면이 떠오르면… 나는 아직도 거기 서서 울어."

기분 전환이라도 하자며 찾은, 사람들로 북적이는 카페 한 구석에서 엄마를 오래전에 떠나보낸 그녀와, 딸을 잃은 내가 손을 맞잡고 흐느꼈다. 붉어진 눈가에서 오래 삼킨 시간이 묻어났다. 그녀 안에 숨겨진 외로움이 내게로 밀려왔다. 아주 오래, 깊이, 그리워해 온 마음이었다.

"슬픔은 충분히 흘려보내야 다음으로 나아갈 수 있더라. 우리 가족도 그랬어야 했는데, 다들 입을 닫고 감정을 억지로 접어뒀지. 남편도 이번에야 말하더라고. 어릴 때 누나가 갑자기 심장병으로 세상을 떠났는데, 그 일을 가족끼리 나눠본 적이 한 번도 없었다고."

드러내지 못한 그 결핍은 세월 속에서도 끝내 풀리지 않았다. 우리는 서로를 통해 엉켜 있던 감정의 매듭이 느슨해져 가는 걸 느꼈다. 누군가를 잃는 일은, 언제나 어딘가에서 일어나고 있었다. 내 차례가 오기 전까지 실감하지 못했을 뿐.

예전에 들은 이야기가 그제야 와닿았다. 애지중지 키우던 자식을 잃고 실의에 빠진 한 여인이 아들을 살릴 방법을 찾기 위해 석가모니를 찾아갔다. 석가모니는 자식을 살릴 방법이 없는지 묻는 여인에게 죽음을 겪지 않은 집에서 겨자씨를 구해오면 아이를 살려주겠노라 이야기했다. 여인은 집집마다 문을 두드리며 묻고 또 물었다. 죽음을 경험하지 않은 집은 없었다. 결국 여인은 알게 되었다. 이별은 누구에게나 오고, 아무도 피하지 못한다는 것을.

그렇게 나는 세상에 없는 고통에 빠진 사람은 나뿐이라거나, 내 슬픔이 가장 크다고 여기는 마음에서 빠져나올 수 있었다.

고인을 애도하는 데는 공동체가 필요하다*는 말을 나는 서진이를 보내고 나서야 이해하게 되었다. 외줄 위에 선 공중곡예사를 받치는 그물망처럼, 휘청이는 나를 끝까지 지탱해준 이들이 있었기에 나는 다시 그 위를 걸을 수 있었다.

✢ 데이비드 케슬러, 《의미 수업》, 박여진 옮김, 한국경제신문, 2020, 94쪽.

뜻밖의 인연

"눈시울이 붉어지던 날들이 지나가면 언젠가 그 추억에 미소 짓는 날도 옵니다(The day will come when the memory of the person you lost brings a smile to your lip before a tear to your eye)."

조 바이든이 장남을 떠나보낸 뒤, 한 인터뷰에서 남긴 말이다. 대부분은 그를 미국 대통령으로만 기억하지만, 나는 한 가장이 감내해 온 상실의 연대기에 시선을 멈춘다.

1972년, 바이든은 미국 역사상 최연소 상원의원으로 당선되었다. 인생의 절정이 막 펼쳐지려던 찰나, 크리스마스 쇼핑을 나갔던 아내와 한 살배기 딸이 교통사고로 생을 마감했다. 그는 두 아들과 함께 남겨졌다. 장남 보는 아버지의 길을 잇게 되리라는 세인들의 기대가 있을 만큼 전도유망한 청년이었다. 그러나 2015년, 부통령 재임 중이던 바이든은 보마저 뇌종양으로 잃어야 했다.

　아들의 장례식을 치른 지 불과 2주 만에, 그는 사우스캐롤라이나 총격 사건 희생자 유가족들 앞에 섰다. 아직 자신의 상처도 채 가라앉히기 전에 그는 또 다른 이들의 비통함과 마주해야 했다.

　사랑하는 이들을 잇달아 잃은 그가 어떻게 다시 일어설 수 있었을까. 나는 PBS와의 인터뷰를 다시 보곤 한다.

"사랑하던 가까운 사람을 잃고 슬픔을 겪는 이들에게 건네고 싶은 조언이 있습니까(What advice do you have for people who have lost someone who they loved and someone who were close to them as they go through the grieving process)?"

"슬픔을 겪는 모든 이에게 나는 말합니다. 언젠가 떠나간 이를 추억할 때, 눈물보다 먼저 미소 짓는 날이 올 거라고요. 그날은 반드시 옵니다. 하지만 계속 싸워야 합니다. 그날에 닿기까지, 삶의 목적이 우리를 버티게 해줄 겁니다. 저는 아들이 절 바라보며 "아빠, 해내셔서 자랑스러워요"라고 말해주길 바랍니다(All those people going through this grief, I tell them. The day will come when the memory of the person you lost brings a smile to your lips before a tear to your eye. It will come. But you've got to just keep fighting. And if you have purpose, if you have purpose—for me, it feels like that the boy needs to do what I hope. He just looks at me and says, 'I'm proud of my dad for doing it)."

나 역시 서진이에게 보여주고 싶었다. 쓰러지지 않고 살아내는 모습을. 그래야 아이도 이 세상에 미련 없이 등을 돌릴 수 있을 것 같았다. 참척의 시간을 먼저 건넌 이들은 어떻게 살아내고 있을지 알고 싶어 온라인 자살 유가족 카페 '미안하다 고맙다 사랑한다'에 가입했다. 그곳에는 매일같이 비슷한 슬픔을 공유하는 사람들의 이야기가 올라왔다. 부모들의 방, 자녀들의 방, 배우자와 형제자매의 방까지. 어디를 들여다보아도, 부서진 생의 파편들이 촘촘히 쌓여 있었다. 누군가는 이제 막 상실의 벽 앞에 멈춰 섰고, 다른 누군가는 수년째 비탄의 굴레에 갇혀 있었다.

그중에서도 부모의 방에는, 고등학생과 20대 자녀를 놓친 엄마들이 유독 많았다. 밤마다 올라오는 글들은, 그 또래의 죽음이 이 사회에서 얼마나 흔한 풍경이 되었는지를 서늘하게 드러냈다. 부모들은 마치 약속이라도 한 듯 같은 말을 남겼다.

설마, 우리 아이가 그런 선택을 할 줄은 몰랐어요.

그 통곡의 무덤 속에서, 시선을 붙드는 한 사람이 있었다. 고등학생 딸 재연이를 먼저 보낸 Q. 그녀가 내 글에 댓글을 남기면서 나는 그녀의 사정을 처음 알게 되었다.

"딸이 고1인데, 3주 전에 떠났어요. 자기 방 창문을 끝으로 세상과의 인연을 놓았네요."

축축이 젖은 댓글 속에 한 생의 마지막 풍경이 스산하게 접혀 있었다. 이어진 질문들은 내가 흘렸던 울음을 되감는 듯했다.

"어찌 지내고 계신가요? 앞으로 어떻게 살아야 하나요? 아이가 없는 미래가 무섭고 두려워요. 길을 완전히 잃어버렸어요."

자식을 잃고 산산이 부서진 이에게 과연 건넬 수 있는 위로가 있을까. 그럼에도 먼저 겪은 사람이 들려주는 말을 그녀는 기다렸을 것이다. 남들은 짐작조차 할 수 없는, 우리만이 이해할 수 있는 언어가 있으니까. 아니, 우리만의 세계가 있다. 잃은 자들만 통과할 수 있는 무명의 지층.

Q와 나는 나이도 비슷했고, 딸들 역시 또래였다. 남편들 나이까지 같았고, 첫째가 아들이라는 공통점도 있었다. 그래서였을까. 그녀의 이야기는 경계 하나 없이 내 안으로 스며들었다. 소식이 뜸해지면, 허전한 틈에 그녀가 떠올랐다. 괜스레 안부가 궁금해졌다. 그녀가 곧 나 같고, 내가 곧 그녀 같아서.

댓글만으로는 다 전해지지 않는 마음이 있어, 장문의 이메

일을 주고받았다. 누군가가 끝까지 들어주는 경험만으로도 Q는 외로움이 옅어진다고 했다. Q는 나를 '조력자님'이라 불렀다. 그렇게 불러줄 때마다 내가 아직 누군가에게 필요한 사람이라는 생각에 조금은 안도했다. 슬픔의 껍질을 벗기면 그녀는 분명 따뜻하고 유쾌한 사람이었을 것이다. 생각해 보면, 언제나 먼저 말을 건넨 쪽은 Q였다. 하지만 어느새 그녀도 내게 조력자가 되어 있었다. 우리는 서로가 쓰러지지 않도록 조용히 등을 받쳐주는 버팀목 같은 존재가 되었다.

어느 오후, Q에게서 한번 만나자는 연락이 왔다. 매일이 그렇지만 더없이 서진이가 그리운 날이 있는데, 그날이 바로 그런 날이었다. 어쩐지 Q가 나를 들여다보고 있는 것만 같았다. 그녀가 보고 싶었다. 각자가 사는 곳의 중간쯤 되는 지점에서 만나기로 약속을 잡았다.

7개월 동안 오직 글로 마음을 나눴던 우리는 그렇게 처음 얼굴을 마주했다. Q는 나를 보자마자 울음을 터뜨렸다. 나는 아무 말 없이 그녀를 안았다. 울음이 먼저 말을 걸었다. 눌러두었던 이야기들을 쏟아내느라, 시킨 음식이 다 식을 때까지 우리는 아무것도 먹지 못했다.

Q는 아이에게 더 나은 환경을 만들어 주겠다며 억척같이 일

하면서도 배달음식 한 번 시켜 먹이지 않았던 사람이었다. 따뜻한 밥은 지어 먹였지만 따뜻한 말은 자주 놓쳤다는 기억이 뜰채에 걸려 빠져나오지 못한 물고기처럼 그녀 안에서 퍼덕거렸다.

"캠핑을 자주 다녔어요. 아이 좋으라고 간 줄 알았는데… 지나고 보니, 제가 좋아서 간 거였더라고요. 아이 마음을 몰라줬어요. 그냥 사춘기이겠거니 했고, 기다리면 돌아올 거라 믿었죠. 정말… 바보 같은 엄마였어요."

Q는 자신의 상처를 돌보기는커녕 되풀이해 후벼 팠다. 아이를 지켜주지 못한 죄, 아이의 아픔을 알아채지 못한 죄, 아이에게 온화하지 못했던 죄까지. 그녀는 죄목을 하나하나 세우며 스스로를 죄인으로 만들고 끝도 없이 자신을 심판했다.

"우리는 모든 걸 다 통제할 수 있는 신이 아니잖아요. 어떻게 해도 닿을 수 없는 마음이… 있는 것 같아요."

Q에게 전한 말이었지만, 나 자신에게도 들려줘야 했던 말이었다.

"그럴까요? 저희 아들이 그랬어요. 엄마는 최선을 다했다고. 그 말을 듣고 그래도 나쁜 엄마만은 아니었구나 싶어… 잠시 마음이 놓였어요. 그런데도 못 해준 것들만 떠올라 또 괴로워요."

봄 햇살 아래 분수대의 물방울은 바람 따라 흩어지고, 나들이 온 사람들의 웃음소리가 귀를 간질였다. 그 한가운데서 우리 둘만 계절과 어긋난 채 겨울의 한복판에 앉아 있었다.

Q는 재연이의 마지막 날에 대해 들려주었다.

"재연이가 가기 전날인가, 아이 책상 위에 올려두었던 토끼 인형이 침대 위에 내려와 있었어요. 먼지가 많은 걸 왜 거기 두었냐고 물었는데, 그냥 절 바라보기만 했어요. 그 인형을…마지막에 품고 갔더라고요."

심장이 안에서부터 비틀리듯 금이 갔다. 꾹꾹 참았던 울음이 그 틈을 뚫고 한순간에 터져 나왔다. 공원 구석, 벤치에 앉은 두 중년 여자들이 훌쩍이자 지나가던 몇몇이 무심한 시선을 던졌다. 봄바람에 눈물이 번졌다. 기억은 꺼낼 때마다 마음을 긁지만, 그 생채기를 무릅쓰고서라도 밖으로 쏟아내고 싶은 순간이 있다. 아무에게도 말하지 못했던 그날의 이야기. 그녀의 참담함이 어느새 내 안에 자리를 틀었다. 나는 그녀에게 말 대신 귀를 내어주는 사람이 되어주겠다고 다짐했다.

"수의를 입힐 수가 없었어요. 너무 애기잖아요. 며칠 전 새로 산 옷을 입혔더니… 그냥 자는 것 같았어요."

수의는 꼭 입히지 않아도 된다는 걸, 그녀를 통해 알았다. 거칠고 헐거운 수의를 입고 누워 있던 내 아이의 모습이 뇌리에서 자꾸만 덜컹거렸다. 복받친 감정을 밀어내려 고개를 저었다. 부질없는 상념에는 스스로 저지선을 그어야 했다. 우리는 한동안 말을 잃었지만, 그 정적은 이상하리만치 평화로웠다.

"처음인 것 같아요. 이렇게 오래 재연이 이야기를 한 게. 작별 인사도 없이 떠나서 엄마가 마음에 걸렸던 걸까요. 지영 씨와의 인연도 아이가 맺어준 선물 같아요."

나도 같은 생각을 했다. 누구와 이런 대화를 나눌 수 있을까. 아이의 마지막에 대해서, 아이의 수의에 대해서…. 서진이의 부재 이후, 뜻밖의 인연이 내 삶에 들어왔다. Q는 내가 애써 설명하지 않아도 그 황폐함을 알아채는 사람이었다. 우정인지 애도의 연대인지 굳이 이름 붙일 필요가 없었다. 존재만으로 위안이 되는 관계가 자라고 있었다.

"마음이 요동칠 때요. 지영 씨랑 배낭 하나 둘러메고 하염없이 걸어보고 싶어요."

"좋아요. 우리 다 해봐요. 가슴속에만 묻어두지 말고, 못 해본 거 같이 해요."

그림 그리기를 좋아하던 재연이와 춤추기를 좋아하던 서진이에게 이제 두 엄마가 생겼다. 우리는 두 아이의 빈자리를 품고, 미처 말하지 못한 사랑을 읊조리며 살아간다. 엄마들이 친구가 된 것처럼, 아이들도 서로를 한눈에 알아보고 친구가 되었기를. 이제는, 어디에서도 외롭지 않기를.

다시, 나의 이름으로

어딘가 숨고 싶은 날이면 미술관으로 향했다. 진창 같은 현실이 튀겨놓은 감정의 얼룩을 피해, 본능은 나를 그곳으로 이끌었다. 작품 앞에 서면 마음의 소란이 가라앉고, 머릿속은 고요를 되찾았다. 가슴을 짓누르던 먹먹함이 층층이 벗겨지면 청량한 바람이 머리를 맑게 했다. 《뇌가 힘들 땐 미술관에 가는 게 좋다》를 읽고서야, 내 발걸음의 이유를 알았다. 지친 뇌가 먼저 신호를 보낸 것이다. 도피라 여겼던 시간들이 실은 회복을 위한 여정이었다.

그날도 예술의 전당을 향해 걸었다. 전시장 앞, 바람에 펄럭이는 깃발 하나가 시선을 붙들었다. 앤서니 브라운.

그 이름을 보는 순간, 코끝이 시큰해졌다. 서진이를 무릎에 앉히고 그의 책을 읽어주던 날들이 눈 깜짝할 새 온몸을 휘감았다. 책장에서 《우리 엄마》를 꺼내 아장아장 다가오던 서진이의 모습. 꼬물꼬물 입을 놀려 "이거 읽어줘" 하던 목소리. 좋아하는 장면이 나오면 손뼉을 치던 통통한 손. 내 어깨에 기댄 작은 몸의 체온까지도 선연히 되살아났다.

"엄마는 우주비행사가 될 수도 있었고, 발레리나가 될 수도 있었지만, 엄마가 됐대!"

나는 책장을 넘기며 아이의 귀에 속삭였다.

"서진아, 엄마도 그래. 다른 어떤 것보다 서진이 엄마가 되어서 정말 좋아."

그 말에 거짓이 없었다. 엄마라는 이름이 벅찰 만큼 좋았다. 하지만 그 하나로만 설명되는 삶은 때때로 숨이 막혔다. 나는 사회인으로도 살고 싶었고, 내 이름으로도 불리기를 원했다. 출산과 육아, 남편의 해외 근무 등으로 경력은 끊기고 다시 이어지기를 반복했다. 그사이 '서진이 엄마'라는 호칭만이 단단히 자리 잡았다. 그 이름이 나의 전부처럼 느껴질수록, 나는 자주 되뇌었다.

나는 누구인가.

우리 집은 4대째 교육자 집안이었다. 증조부는 한학자였고, 할아버지는 교육감, 아버지와 오빠 역시 교사였다. 선생님 말고는 다른 직업이 없던 집에서 벗어나고 싶었다. 익숙함을 뿌리치고 다른 길을 택했지만, 결국 돌아온 곳은 그 친밀한 울타리였다.

첫 직장은 대학의 행정직이었다. 이후 국제학교 입학처에서 일하며, 여러 언어로 사람들을 맞이하고 상담하는 일에 처음으로 가슴이 뛰었다. 자리를 잡을 만하면, 어김없이 내려놓아야 할 이유가 찾아왔다. 쌓아 올리지 못한 경력에 대한 갈증은 깊었고, 미련은 자주 고개를 들었다. 그럴 때면 새로운 것을 배우거나 과외를 하며 허기를 달랬다. 늘 반쯤은 사회인, 반쯤은 엄마로 서성이는 30, 40대를 보냈다. 일은 내 안에 불꽃을 일으켰지만, 마음을 다 내어줄 순 없었다. 다른 한 축에는 늘 아이들이 있었으니까.

첫 해외살이를 마치고 돌아왔을 때, 서진이는 막 초등학교에 입학했다. 그즈음, 외국계 요리학교에서 입학담당관 면접을 보지 않겠냐는 연락이 왔다. 원하던 일이었지만, 출퇴근에만 3시간이 넘는 거리였다.

"서진아, 엄마가 꼭 하고 싶은 일이 생겼는데, 아주아주 일찍 나갔다가 아주아주 늦게 집에 돌아올 수도 있어. 어떻게 생각해?"

아이의 대답은 망설임이 없었다.

"싫어. 엄마랑 같이 있고 싶어."

그 한마디에 고민을 접었다. 외국살이를 할 때는 두 아이가 다니는 국제학교에 근무했다. 하루의 시작과 끝을 아이들과 함께했고, 교정을 지나다 아이들과 마주치는 순간이 하루 중 가장 행복했다. 그때의 충만함을 기억하며, 일보다는 아이들의 한국살이 적응에 발을 맞췄다.

돌이켜 보면, 서진이의 말을 듣길 잘했다. 내 기억 속에 가장 맑게 남은 아이는 초등학교 시절, 티 없이 웃는 얼굴이다. 그 표정에는 우리 모두가 가장 평온했던 시절이 고스란히 담겨 있다. 등굣길엔 창밖으로 배웅하고, 하굣길엔 아이를 품에 안고 맞이했던 하루하루를 놓치지 않아 다행이다.

얼마 전, 책장을 정리하다가 서진이가 4학년 때 만든 학급문집을 발견했다. 아이는 도티 인형을 안고, 토끼 앞니를 드러낸 채 활짝 웃고 있었다. 사진 옆에는 빛이 바래 흐릿해진 자기소개가 남아 있었다.

이름: 김서진
좌우명: 노력은 배신하지 않는다.
가족: 나, 오빠, 엄마, 아빠, 해리(강아지)
장래희망: 피아니스트
존경하는 인물: 조성진, 선우예권
성격: 유쾌하고 밝다.

4학년 현재 나의 소원: 친구들과 더 친해지고 행복한 하루하루를 보내면 좋겠다.
5학년이 되는 각오: 지금보다 수업에 더 충실히 집중할 것이다.

한 글자 한 글자 정성을 다해 자신을 보여주고 싶었던 마음이 눈에 보이는 듯했다. 아이가 적은 자신의 성격은, 내가 오랫동안 기억한 서진이의 모습과 같았다. 불과 몇 년 사이에 우리 사이에 거리가 생겨버렸다는 사실이, 그 무엇보다 아프게 다가왔다. 자기소개 아래에는 짧은 수필도 있었는데, 뜻밖에 나의 이야기가 실려 있었다.

엄마는 4학년 때 많이 좋아하던 선생님이 전근을 가셔서 무척 속상했다고 했다. 새로 오신 선생님이 화를 많이 내서 무서웠다고도 했다. 우리 엄마는 4학년 때 부회장을 하셨다. 나는 생각할수록 엄마가 멋지고 부럽다. 왜냐하면 나도 회장이나 부회장을 해 보고 싶기 때문이다. 엄마의 학창 시절 이야기를 더 자세히 듣고 싶다. 나는 엄마가 많은 힘든 일, 슬픈 일, 좋은 일을 겪고 지금 나의 사랑하는 엄마가 된 것 같다. 나는 우리 엄마를 무척이나 존경하고 사랑한다.

내가 준 사랑만 기억했는데, 나도 아낌없이 사랑받고 있었다. 굳게 닫힌 아이의 방문 앞에서, 나는 다가서지도 물러서지도 못한 채 숨죽여 서 있었다. 무엇이 그토록 아프게 하는지, 무엇을 그토록 갈망하는지, 그 모든 비밀이 흘러나오길 바라며 그저 기다릴 수밖에 없었다. 내가 무엇을 몰랐고, 어디서부터 놓쳤는지를 되짚는 날들이 계속됐다. 뭐라도 해야 할 것 같아 청소년교육과에 들어갔고, 상담 공부를 시작했다. 하지만 내가 더 나은 엄마가 될 때까지 서진이는 기다려 주지 않았다. 우리는 분명 서로를 아꼈지만, 죽음은 그것만으로는 멈출 수 없는 일이었다.

서진이를 지키지 못한 일은 나 하나의 슬픔이나 후회만으로는 끝나지 않았다. 자녀 교육을 삶의 중심에 두고 살아온 우리 가족 전체의 신념과 정체성에 균열을 낸 사건이기도 했다. 장례식장에서, 고등학교 교사인 오빠가 눈물을 삼키며 말했다.

"학생들에겐 죽고 싶다는 생각이 들면 언제든 찾아오라고 말하면서… 정작 조카한텐 아무것도 해준 게 없네."

그 말은 우리 모두의 가슴을 꿰뚫었다. 팔 하나가 잘려 나갔는데도 여전히 있다고 느끼는 환지통처럼, 내 삶에서 떨어져 나간 아이는 내 안에 생생히 남아 있다. 그 사그라지지 않는 존재감은 나를 위축시키기도 했고, 입술을 질끈 깨물게도 했다. 깨진 국

그릇을 사러 갔다가도 무심코 네 개를 집어 들었다. 아이의 애착 이불과 비슷한 감촉이 우연히 손끝에 닿으면 몇 번이고 쓰다듬었다. 일상의 틈마다 서진이는 불쑥 고개를 내밀었다. 돌봄의 감각은 쉬이 가시지 않았다. 때로는 내가 돌봄에 중독된 건 아닐까 의심하기도 했다.

서진이를 이해하려고 시작한 공부는 아이가 떠난 뒤 한동안 목적을 잃은 채 표류했다. 그만둘 줄도, 잠시 멈출 줄도 몰랐던 나는 하루하루를 파도에 떠밀리듯 쓸려갔다. 그저 흘러가는 대로 두었을 뿐인데, 서서히 귀에 들어오는 이야기들이 있었다. 심리학 수업에서 들은 내용들은 아이의 내면과 우리가 지나온 시간을 객관적으로 바라보게 도와줬다. 전공과목은 청소년복지와도 관련이 깊어 사회복지학 공부를 병행하게 되었다. 아이를 붙들기 위해 시작한 공부가 어느새 이름 모를 아이들의 얼굴로 옮아갔다. 비록 내 딸을 잃었지만, 더 많은 아들, 딸을 붙들고 싶다는 바람이 내 안에서 자라고 있었다.

나는 여전히 후회의 물살에 흔들리며 눈물을 훔치기도 한다. 미처 채워주지 못했던 엄마, 충분히 여물지 못한 어른으로 남지 않으려고 몸살을 앓듯 앞으로 나아간다. 부서진 틈 사이로, 처음부터 다시 나를 지어가고 있다.

어릴 적 꿈꾸던 글 쓰는 삶은 서진이의 마지막 계절을 글로 옮기며 시작되었다. 딸을 향한 그리움은, 궁금했던 청소년의 세계를 배워가는 일로 이어졌다. 그 여정의 끝에서 자살 유가족의 절망을 끌어안고, 제 안의 소리를 잃은 아이들과 눈을 맞추며 그 곁에서 나란히 걷는 사람이 되고 싶어졌다. 완전히 난파된 줄 알았던 인생이 바닥을 딛고 다시 떠오른다. 잃은 것으로부터, 살아갈 이유가 새로 태어나고 있다.

절망이 지나간 자리에

스물아홉의 어느 밤, 내 뒤를 지켜주던 그늘 깊은 큰 나무가 쓰러졌다. 돌잔치 날, 손자를 품에 안고 환히 웃던 아버지. 그날이, 이별을 두 달 앞둔 마지막 기억이었다. 한밤의 적막을 깨우던 엄마의 전화 한 통에 총천연색이던 내 세계가 한순간에 바래졌다. 아들을 재우고 영화를 보던 평범한 밤 이후로, 삶은 전혀 다른 궤도로 미끄러졌다. 손 한번 잡아볼 새도 없이, 교통사고가 하루아침에 모든 걸 멈춰 세웠다. 아버지는 그렇게 떠났다.

"세계는 넓고 할 일은 많다"는 것을 내게 가르쳐준 이는 김우중 전 대우 그룹 회장이 아니라 나의 아버지였다. 교환학생이란 말조차 생소하던 시절, 아버지는 교사 월급을 쪼개 아들은 캐나다로, 딸은 호주로 어학연수를 보냈다. 지금 생각하면, 어떻게 가능했는지 놀랍기만 하다. 소유보다 경험을 중시한 우리 집안의 철학 덕분이었으리라. 아버지는 "마음껏, 알아서 살아봐라"라는 단순한 당부만을 남기고, 더 큰 세상을 향해 우리 남매의 등을 힘껏 밀어주었다. 그 덕분에 우리는 모국어가 아닌 언어로 삶을 꾸리는 법을 배웠다.

아버지의 진심이 처음 가슴에 박힌 건, 집을 떠나던 공항에서였다. 과묵한 성정이라, 살뜰한 인사는 하지 않았지만 무거운 캐리어를 묵묵히 끌어주었고, 내가 시야에서 사라질 때까지 한자리에 서서 손을 흔들었다. 그때 나는 처음으로 아버지의 붉어진 눈가를 보았다.

호주에 도착한 뒤에도 아버지의 사랑은 대양을 건너 날아들었다. 운동화 상자를 가득 채우도록 손 편지가 이어졌고, 가끔은 학교로 팩스를 보내 뜻밖의 소동을 일으켰다. 긴급한 연락인 줄 알았던 선생님들이 "지영, 한국에서 팩스 왔어"라며 전해준 종이마다 첫 문장은 같았다.

"지영아, 아빠가 일과 중에 급히 보낸다."

A4 용지에 빼곡히 적힌 안부와 당부 뒤, 마지막엔 늘 이 한 줄이 쓰여 있었다.

"아무 걱정하지 말고 마음껏 살아보렴."

모두가 생존을 계산하던 IMF 시절, 아버지가 감내해야 했을 결심의 크기를 나는 이제야 가늠하게 된다. 그 열렬한 격려 덕에 나는 향수조차 사치라 느끼며 생경한 땅에서 시간을 허투루 넘기지 않았다.

아버지는 급하고 엄격했지만, 나에게만은 부드러웠다. 말수는 적어도 서툰 다정함을 감추지 못하는 전형적인 '딸 바보'였다. 오빠가 기억하는 근엄한 아버지와 내가 간직한 온화한 모습이 꽤 달라 슬며시 웃음이 나올 때가 있다.

아버지와의 이별은 사랑하는 존재가 하루아침에 연기처럼 증발할 수 있다는, 세상의 냉정한 이치를 가르쳐 주었다. 별안간 들이닥친 사고는 감정을 추스를 틈조차 주지 않았다. 장례식 날, 아버지의 지인이 내 손을 꼭 잡고 말했다.

"지영아, 고인이 편히 가시는 건 남은 가족이 어떻게 사느냐에 달린 거야."

그때는 알지 못했지만, 그 말은 아버지의 비워진 자리를 느낄 때마다 되살아났다. 아버지를 위해서 할 수 있는 일이 더는 없다면, 잘 살아내는 것이 그를 기리는 유일한 일이라는 믿음이 생겼다. 살아생전 아버지는 늘 내게 '마음껏 살아보라'고 했던 분이니 하고 싶은 일도 미루지 않기로 했다. 그게 아버지가 내게 원하는 삶일 것 같았다. '나중에'란 말이 끝내 오지 않는 약속일 수 있다는 걸 아버지를 떠나보내며 알았으니까.

나는 홀로 남겨진 엄마와 보내는 시간을 전보다 더 귀하게 여겼다. 꽃 피는 계절이면 함께 길을 나섰고, 햇살 좋은 날이면 산책길을 골라 하염없이 걸었다. 지금 이 순간을 함께하는 것. 그것이야말로 가장 확실한 애정임을 아버지를 여의고 나서야 깨달았다.

빛 한 줄기 들지 않던 시간이 일곱 해쯤 흐른 뒤, 엄마는 작은 책상 앞에서 처음으로 자신을 위한 공부를 시작했다. 만학도로 대학에 입학해 갈망했던 배움을 마음껏 누렸고, 몇 해의 정진 끝에 학사모를 쓰게 됐다. 평생 가족의 뒤편에 서 있던 사람이 마침내 자신의 이름으로 이룬 성취였다. 아쉬움은 단 하나, 이미 흘러가 버린 시간뿐이었다.

"조금 더 일찍 털고 일어났다면 좋았을 텐데. 놓쳐버린 시간이 아쉬워."

이 말은 엄마 자신의 고백이었지만, 앓고 있는 나를 향한 위로이기도 했다.

"정신을 차리고 보니, 어느덧 초로의 노인이 되었더라. 그제야 뭔가를 해보고 싶어도 몸이 따라주질 않았어. 지영아, 지나갈 것은 반드시 지나가. 지금은 믿기 어렵겠지만… 네가 너로 사는 날이 너무 늦지 않았으면 좋겠어."

늦게라도 자신을 다시 세운 엄마만이 줄 수 있는 위로였다.

혼자가 된 뒤에야 진짜 독립을 맞이한 엄마는, 지금 누구보다 당당하고 우아한 노년을 살아가고 있다. 그 삶은 내게 하나의 희망이 되었다. 아버지를 잃고 수많은 계절을 건너온 뒤에야, '나쁜 경험이란 없다'는 말을 조금씩 받아들일 수 있었다.

아버지의 부재는 견고하던 인생이 처음으로 붕괴되는 경험이었다. 이토록 돌연한 단절이 어째서 나쁜 일이 아닐 수 있는지, 나는 스스로 수없이 되물었다. 그러나 이제는 어렴풋이 알 것 같다. 그 시련이 연약하던 살에 굳은살을 덧대며 나를 조금씩 단단하게 만들었다는 걸. 자식을 잃는 고통은 전혀 다른 차원의 무게였지만, 완전히 낯설지는 않았다. 가장 아끼던 사람을 한순간에 삶에서 완전히 떼어내야 하는 것. 그 격렬한 절단의 감각은 이미 내 안 깊숙한 곳에 각인되어 있었다. 나는 또 한 번, 그 낭떠러지 끝을 손끝으로 붙잡고 버텨야 했다.

오랜 슬픔의 시간을 견딘 친구 A가 《당신 인생의 이야기》라는 책 한 권과 함께, 책 속 단편 〈네 인생의 이야기〉를 영상화한 〈컨택트〉라는 영화를 소개한 날이 있었다.

"말로 꺼내긴 어려웠던 내 고통을 대신 안아준 이야기야. 언젠가 너에게도 작은 위로가 되었으면 해."

그 영화를 한동안 묵혀두었다가 마음이 버겁던 어느 오후,

문득 그녀의 목소리가 떠올라 재생 버튼을 눌렀다. 영화는 물었다. 사랑하는 이와의 삶이 비극으로 끝날 걸 알면서도 그 삶을 다시 선택할 수 있겠냐고.

그 질문은 내게도 아프게 다가왔다. 서진이가 떠난 뒤, 시간은 종잇장처럼 얇아졌고 기억은 경계를 잃고 흩어졌다. 과거는 자주 현재를 침범했고, 장면들은 머물다 흘러가기를 반복했다. 감정은 마침표를 잃은 문장처럼 엉켜버린 시간 속을 떠돌았다.

주인공 루이스는 딸이 병으로 요절할 걸 알면서도 그 삶을 선택했고, 뜨겁게 품었고, 끝내 떠나보냈다. 나 역시 같은 물음 앞에 섰다.

이 결말을 미리 알았다면 나는 서진이 없는 삶을 선택했을까?

그 모든 기억을 지워버리고 싶었던 밤도 있었다. 하지만 서진이를 지울 수는 없다. 고통을 없애려 행복까지 덮어야 한다면, 삶은 무엇으로 채워질 수 있을까.

추억은 기쁨과 슬픔이 얽혀 만들어진 섬세한 실타래 같다. 웃음 뒤에 울음이, 행복 옆엔 후회가 따라붙는다. 잃고 나서야 비로소 깨닫는다. 그 모든 감정이 모여 하나의 사랑을 이루었다는 걸. 간직하고 싶은 순간들을 지키기 위해, 피할 수 없는 상처까지도 껴안고 살아간다. 시간은 결국 모든 생을 끝으로 데려간다. 그 끝에는 견딜 수 없는 공허가 기다리고 있더라도, 사랑은 그 너머로 이어진다. 우리가 함께한 지난날은 이 길고 고된 방황 속에서도 길을 만든다. 나는 그 길 위를, 더딜지라도 분명하게 걷고 있다. 어느 날, 그 끝에서 서진이가 밝게 웃으며 외쳐주기를.

　우리 엄마, 역시 해냈어.

　그날엔 울지 않아도 좋을 만큼, 잘 살아낸 얼굴로 그리운 이를 마주하고 싶다.

우리는 살아가는 중이야

혹독한 겨울이 지나고 볕이 말랑하게 번진 봄날, 윤지를 다시 만났다. 그동안 안부는 이어졌지만, 최근 그녀가 보낸 메시지는 위태롭게 흔들리고 있었다.

"그만 아프고 싶어요."

여덟 글자 사이로 울고 있는 윤지가 보였다. 무수한 말을 삼킨 끝에 내보냈을 그 문장을, 몇 번이고 되돌아 읽었다. 일이 손에 잡히지 않았다.

"밥은 먹었어요? 잠은 좀 잤고요?"

소소하고 평범한 질문들로 허둥대며 말끝을 맴돌다가, 담아뒀던 말을 꺼냈다.

"힘들면 집에 가요. 혼자 있지 말고. 윤지 씨보다 중요한 건 없어요. 수업이든 뭐든, 다 멈춰도 괜찮아요."

윤지는 기숙사에서 생활하고 있었다. 되돌릴 수 없는 선택을 할까 봐, 희미해지는 자신을 붙잡으려 나에게 연락한 것이다.

"이 정도도 못 버티면 앞으로 아무것도 못 할 거 같아요. 조금만 더 버텨볼래요."

살아가는 일이 숨이 찰 만큼 벅찬, 갓 어른이 된 아이가 견뎌내겠다고 말했다.

"뭐, 안 해도 괜찮아요. 뭐 안 돼도 괜찮고."

윤지는 잠들기엔 한참 이른 저녁 6시에 수면제를 먹는다고 했다. 내일을 보려면 매일 약을 삼켜야 하는 스무 살의 밤. 겉으로는 보통의 또래와 다를 바 없는 대학생이지만, 그녀는 매일 낭떠러지 끝에 발끝을 얹고 간신히 하루를 살아냈다.

4개월 만에 다시 만난 윤지는 눈에 띄게 야위어 있었다. 우산도 없이 비를 맞으며 터벅터벅 걸어왔다.

"우리, 뭐라도 따뜻한 거 먹으러 가요."

"네, 좋아요."

식사를 하며 근황을 나누던 중, 윤지는 일기를 꺼내 보였다. 휴대폰에는 그녀를 조이던 감정들이 숨김없이 기록되어 있었다. 칼로 자신을 긋고 싶은 충동을 견뎌낸 시간들. 살고 싶다는 본능과 사라지고 싶다는 충동이 매일 충돌했던 내면의 전장.

"울기도 해요?"

"자주 울어요. 갑자기 터지면 감당이 안 돼요. 수업 시간에 막 울 때도 있어요."

강의실 한가운데서 홀로 울고 있었을 그녀의 모습이 눈앞에 아른거렸다. 그 자리로 날아가 떨리는 어깨를 꼭 안아주고 싶었다. 울고 나면 더 공허해졌을 그녀 곁에, 그 순간만이라도 누군가가 머물러 주기를 바라는 마음이 일렁였다.

윤지는 고1 때 우울증이 심해져 자퇴한 뒤로, 엄마를 제외하면 누구와도 깊게 연결되지 못했다. 상담실의 문을 두드리며 어떻게든 자신을 일으켜 보려 애썼지만, 속내를 터놓을 친구는 곁에 없었다. 외롭지 않냐는 물음에 그녀는 고개를 저었다. 익숙해진 고독은 스스로도 알아차리기 어려운 감정이 되었는지 모른다.

"엄마가 사는 날까지만 살려고요."

세상과 윤지를 잇는 유일한 끈은 엄마였다. 다행스러우면서도 위험한 말이었다.

"윤지 씨 엄마가 나랑 연배가 비슷하시잖아요. 앞으로 70년은 더 사실 거예요. 그러면 윤지 씨도 아흔이네."

둘 다 크게 웃었다. 묵직하던 공기가 잠시 가벼워졌다. 그 틈을 타, 농담처럼 진심을 건넸다.

"엄마랑 할머니 될 때까지 알콩달콩 사는 거예요."

그녀는 알 수 없는 미소를 지을 뿐 대답하지 않았다.

"방학 때 기차 타고 나 보러 와요. 우리 맛난 거 먹고 놀아요."

"좋아요."

그렇게 헤어진 지 며칠 만에, 방학에 만나기로 했던 윤지가 내일 만날 수 있는지 연락을 해왔다.

나는 무슨 일인지 묻기보다 그냥 따뜻하게 맞아주고 싶었다. 윤지에게 언제든 마음 놓고 찾아올 수 있는 사람이 되고 싶었다. 윤지에게는 어디서, 몇 시에 만날지만 알려달라고 했다.

다음 날 만나기로 한 곳에서 윤지를 기다렸다. 멀리서 그녀의 실루엣이 보이자, 오랜 친구를 다시 만나는 기분이었다.

"잘 지냈어요?"

인사를 나누고 나서야, 왼손에 감긴 보호대가 눈에 들어왔다. 2주 전 운동하다 발목을 다쳤다고 들었는데, 손목까지 다친 걸까. 내 시선을 눈치챈 윤지가 담담한 목소리로 말했다.

"손목을 그어서 봉합수술을 했어요."

윤지는 아무렇지 않게 툭 내뱉었다. 이럴 때 어떻게 반응해야 할까. 나는 말 대신 그녀의 손목을 가만히 감쌌다. 우리는 눈을 맞추고 작게 웃었다.

늦은 점심을 먹고, 호수가 내려다보이는 카페에 앉았다. 메뉴 앞에서 망설이는 모습이, 그제야 평범한 스무 살 같았다. 요즘 하고 있는 트럭킹 이야기를 들었다. 낯선 운동을 설명하는 그녀의 눈빛이 반짝였다. 그 순간만큼은 생기가 얼굴 가득 번졌다.

"저 7월에 트럭킹 대회 나가요."

"와, 멋지다. 응원하러 가도 돼요?"

"그럼요. 대전에서 열려요."

그렇게 우리는 한 달 뒤 대전에서 다시 만나기로 약속했다. 기차 시간이 남아 호숫가를 천천히 걸었다. 잔디밭 위에 누운 사람들의 풍경이 그림 같았다. 바람은 느슨했고, 오후는 평화로웠다. 오늘 하루, 우리도 저들처럼 평온했을까. 지금 그녀 안에서는 어떤 감정이 흐르고 있는지 궁금했다.

"기분 좋아요. 그런데 이렇게 괜찮다가도 갑자기 또 우울해져요."

어떤 하루를 보냈든, 고기압에서 저기압으로 급락하는 감정의 낙차는 불쑥 그녀를 덮쳤다. 서진이에게도 보였던, 그 설명할 수 없는 기복이 윤지의 내면을 매번 불안하게 뒤집었다.

"오늘도 혼자 있으면 무슨 일이든 저지를 것 같아서… 그래서 왔어요."

그제야 알았다. 그녀가 왕복 6시간에 걸쳐 나를 찾아온 이유를.

긴 시간을 들여 왔다는 사실이 고마우면서도 뼈마디를 저리게 눌렀다.

앎만으로는 건널 수 없는 세계가 있다. 고립의 심연. 그 문을 열 수 있는 이는 그 방 안에서 울어본 사람뿐이다. 윤지가 견디고 있는 밀실의 한기 속으로 들어가, 그 곁에 조용히 머무르고 싶었다. 하지만 완전히 혼자가 되어버리는 그 깊디깊은 곳까지 어떻게 해야 내가 다다를 수 있을까.

살아보겠다는 결심은 자주 흔들리지만, 그럼에도 다시 나아가려는 몸짓은 계속된다. 그 반복되는 시도 안에는, 희망과 절망이 공존하는 마음의 복잡한 구조가 있다. 그 싸움의 깊이를 온전히 알 순 없지만, 윤지는 매 순간을 통과해 나가고 있었다.

기차역까지 배웅한 뒤, 마지막 인사를 나누며 그녀에게 책 두 권을 건넸다.

"이 책 다 읽고 또 만나는 거예요."

"네. 좋아요."

윤지는 언제나 "좋아요"로 대답했다. 잠시 뒤, 기차 안에서 《소년과 두더지와 여우와 말》을 읽던 윤지에게서 메시지가 도착했다.

"이 책, 정말 금방 읽네요. 뭔가… 우정이란 게 좋다는 느낌이 들었어요."

나는 어린 벗에게 답장을 보냈다.

"저도요. 우리도 우정을 쌓아가요. 늘 응원할게요."

오늘 밤도 그녀는 자신을 위협하는 생각들에서 멀어지려고 수면제를 삼키겠지. 그렇게 건너온 밤들이 쌓여 마침내 맑은 아침을 볼 수 있기를. 다음 책, 또 그다음 책. 윤지에게 건네고 싶은 이야기는 앞으로도 계속 생겨날 것이다. 개울에 발 디딜 돌을 하나씩 놓아 길을 만들어 가듯 우리의 만남도 계속 이어지길.

남은 자들의 연습

　서진이가 가고 나는 눈 뜨는 일에 서두르지 않게 됐다. 이른 아침부터 숨 돌릴 틈 없이 내달리던 날들로부터 멀어졌다. 서진이에게 전화만 와도 마음이 급해져 차를 빼다가 옆 차를 긁는 일도 더는 없다. 하루가 아이의 기분 따라 기울어질까, 긴장의 줄을 팽팽히 잡아당기던 삶도 이제는 느슨해졌다.

　졸리면 눈을 감으면 된다. 잠이 오지 않는다고 초조해하지도, 일찍 누웠다고 미안해하지도 않는다. 자해, 우울, 충동 같은 단어를 검색하며 떨던 손끝은 휴식을 얻었다. 보고 싶은 것을 보고, 하고 싶은 것을 하다가 그대로 잠든다.

　몸은 완전히 자유로워졌지만 마음은 뒤따르지 못했다. 텅 빈 고요에 익숙해지는 데는 시간이 필요했다. 아이를 잃고 나서야 내 시간에도 나를 위한 자리가 있다는 걸 알게 되었다. 삶의 무게추가 이제야 나에게 옮겨 왔지만, 계절의 문턱은 여전히 서진이로 열린다. 겨울은 아이가 제일 좋아하던 계절이다. 크리스마스가 다가올수록 아이의 말들이 살아났다. 그해, 서진이의 얼굴에선 서서히 빛이 지워져 갔다.

"서진아, 언제가 가장 행복했어?"

무엇을 어떻게 해야 예전의 아이로 되돌릴 수 있을지 몰랐다. 실마리라도 얻을 수 있다면, 무엇이든 다시 해보고 싶었다. 서진이는 망설이지 않고 말했다.

"여섯 살 땐가 크리스마스요. 몇 살이었는지 정확하진 않은데, 산타가 진짜 있다고 믿던 때였어요. 우리 집 트리가 내 키보다 컸잖아요. 오빠랑 밤새 산타 할아버지를 기다리다가 깜빡 잠들었는데, 아침에 트리 밑에 선물이 있었어요. 그때가 그렇게 좋았어요."

아이들이 잠든 틈을 타, 남편과 함께 트리에 카드를 달고 선물을 몰래 갖다 놓았다. 작은 소리라도 날까, 웃음을 꾹 참고 뒤꿈치를 세우고 움직이던 그 밤의 기억이, 오래 접어둔 장면처럼 펼쳐졌다.

크리스마스는 해마다 돌아왔고, 그때마다 아이들을 위한 하루를 준비했다. 특별한 날을 만들어 주었다고 믿었지만, 그 시절의 환함은 다시 돌아오지 않았다.

왜 아이는 그 먼 기억을 꺼내 행복했다고 했을까. 그 뒤로도 웃는 날은 분명 많았는데, 그 기쁨들은 증발하는 수증기처럼 어딘가로 흩어진 걸까. 나는 서진이의 책상 위에 작은 트리를 다시 놓았다. 추억의 언저리라도 더듬어 지난날의 생기를 깨워보고 싶었다. 예전보다 앙증맞고 소박했지만, 아이의 말에 응답하고 싶었다. 하지만 아이는 전처럼 반기지 않았다. 기대도 기다림도 말라버린 사람처럼.

서진이가 없는 첫 크리스마스. 나는 다시 그 트리를 꺼냈다. 겨우내 불을 끄지 않았다. 그해, 117년 만에 폭설이 도시를 덮었다. 서진이는 눈이 드문 도시에서 자란 아이였다. 그래서인지 유독 눈을 좋아했다. 그 하얀 세상은, 하늘이 서진이에게 보내는 뒤늦은 인사 같았다. 온 세상이 하얗게 가라앉은 풍경 앞에서 가족들은 한목소리로 말했다.

"서진이가 함께 봤으면 좋았을 텐데."

형진이는 저녁의 냉기가 스산하게 내려앉을 때까지 눈사람을 만들었다. 멀리서 바라본 아들의 뒷모습은 흡사 얼음을 깎는 조각가처럼 보였다. 눈 속에서 몇 시간이고 서 있는 아이의 등을 보며 나는 짐작할 수 있었다. 어떤 마음으로 그 자리에 서 있는지를.

"이렇게 눈이 많이 내리는 게, 서진이를 위한 위로 같아요."

눈이 그친 눈밭 위, 덩그러니 서 있는 눈사람이 아들 같았다. 많이 미안해하고, 많이 미워하는 마음이 그곳에 서 있었다. 서진이에게 온통 마음이 쏠릴 때마다 바로 곁에 있는 아이를 놓칠까 봐 겁이 났다. 떠난 아이에게 흘러가는 감정을 간신히 붙들고, 앞에 있는 형진이에게 온전히 눈길을 돌리려 했다. 온기를 필요로 하는 아이는 지금 여기에 있으니까.

동생을 잃은 뒤, 형진이는 달라졌다. 한때는 정해진 길을 거부하며 자신만의 삶을 찾겠다고 했던 아이가, 대학에 가겠다고 말했다. 나는 아들의 결심이 은근히 반가우면서도 가슴 한편이 뻐근해져 왔다. 스무 살이 감당하기엔 벅찬 시간을 지나온 뒤의 선택이었기에.

대학 원서를 내고 형진이는 아르바이트를 시작했다. 오전 11시에 나가 새벽 1시에야 돌아오는 날들이었다. 14시간을 일하고 돌아온 아이는 소파에 털썩 주저앉았다.

"같이 일하는 애… 좀 이상해요."

고개를 숙인 얼굴엔 뭔가 지워지지 않는 게 있었다.

"바코드를 왜 그렇게 드러내는지 모르겠어요."

"바코드가 뭐야?"

형진이는 대답하지 않았다. 대화를 이어가다 알게 되었다.

자해흔을 말한다는 걸. 타인의 팔목에 남은 상처가, 형진이 안의 무언가를 건드렸다. 불편함과 당혹감, 그리고 말로 표현할 수 없는 상처가 뒤섞여 있었을 것이다. 이 땅엔 또 얼마나 많은 서진이들이 있을까. 아는 사람 눈에만 드러나는 바코드들. 그 이후에도 아이는 일터에서 동생의 잔상을 마주했다.

"일하다가 서진이를 봤어요. 우리 가게 맞은편에 인형 뽑기 가게가 있는데, 진짜 서진이랑 똑같았어요."

"그래서, 만나봤어?"

말도 안 되는 일을 겪고 나면, 말도 안 되는 질문조차 진지해진다. 서진이일 리 없다는 걸 알면서도, 나는 묻고 있었다.

"서진이가 웃고 있는 거예요. 그래서 한참을… 봤어요. 정말 닮았더라고요."

말끝에 잔잔히 서린 아픔이 공기 중으로 퍼져갔다. 그 순간, 아이가 테이블을 닦으며 꾹 참았을 표정을 상상할 수 있었다. 스틸컷처럼 지나가는 장면이 가슴을 서늘하게 훑었다. 남겨진 이들은 떠난 사람의 잔상을 품고 살아야 했다. 먼저 간 사람은 말이 없고 남은 사람들만 목이 메었다.

"엄마, 그래도 서진이가 고통만 주고 간 건 아닌 것 같아요. 우리 가족 서로서로가 소중한 존재고, 오늘을 사는 마음을 알게 된 건… 서진이가 준 선물 같아요."

형진이는 오래전부터 여행을 원했다. 그럴 만했다. 계절마다 곳곳을 함께 다니던 습관이 몸에 스며 있었으니까. 하지만 나는 여행을 떠올리는 일조차 쉽지 않았다. 그러다 형진이의 합격 소식을 듣고선 오랜만에 아들과 완전한 시간을 나누고 싶다는 마음이 일었다. 곧 대학에 가고, 군 입대까지 하면 셋의 시간을 맞추기란 더는 쉽지 않을 테니까.

서진이가 있을 때 참 많이도 이곳저곳을 누볐다. 넷이서, 남편이 바쁠 때는 셋이서. 부지런히 길을 옮기며 아이들에게 세상을 보여주고 싶었다. 서진이가 없는 여행은 우리 모두에게 생경했다. 그 어색한 처음을 도쿄 여행으로 다시 시작하기로 했다.

그동안 우리 세 사람은 저마다의 방식으로 삶을 붙들었다. 형진이는 동생의 병을 지나오며 자신의 감정을 더 섬세히 들여다보게 되었다. 머릿속이 복잡해질 때면 말없이 운동화를 꺼내 들었다. 컨디션이 좋을 때보다 울적한 날 더 자주 찾던 운동은 이제 그의 일상이 되었다.

좀처럼 속내를 보이지 않던 남편은 상담사의 권유로 일기를 쓰고 있다. 얼마 전 그가 건넨 짧은 글에 하루를 멈춰야 했다. 내가 서진이에게 속삭이던 말 그대로 그도 똑같이 쓰고 있었다.

일을 하다가도 불쑥 네가 떠오르면

갑자기 밀려드는 그리움을 반기지도 못한 채

짧은 침넘김으로 아무렇지 않을 척을 하며 하늘을 봐.

그러고 나선 나지막이 읊조리지.

네가 괜찮으면 아빠도 괜찮아.

네가 좋다면 나도 이해할게.

네가 행복하면 아빠도 행복해.

각자 발버둥질하던 일상을 잠시 멈추고, 우리는 도쿄로 향했다. 본격적인 여정은 도쿄타워를 멀리서부터 바라보며 걷는 일이었다. 가까워질수록 유리 외벽에 부서진 붉은 빛이 시선을 붙잡았다. 아자부다이 힐즈의 낮은 정원길은 서진이가 좋아했을 법한 아담하고 다정한 분위기였다. 겨울의 정취를 유난히 사랑하던 꼬맹이 생각에 코끝이 시려왔다.

아무도 이런 추위에 밖에서 떨고 싶지는 않았을 텐데, 누군가 걷고 싶다고 말한 것 같아 멈출 수 없었다. 나는 아들이 원한다고 생각했고, 두 남자는 내가 앞장섰다고 기억했다. 어느 쪽이었든, 함께할 수 있다는 사실만으로 충분했다.

한겨울의 도쿄를 우리는 12시간 넘게 누볐다. 추위도 잊은 채, 같이 걸으면 덜 외롭다는 것을 느끼며. 코끝이 얼어붙는 거리를 묵묵히 지나갔다. 그날의 발걸음은 다시 살아가겠다는 우리의 대답이었다. 한 사람의 부재로 얼룩지는 삶이 아닌, 비어 있는 자리를 안고 나아가려는 이들의 의지였다.

셋이서 사진을 많이 남겼다. 눈은 울고 입만 웃었다. 그래도 괜찮았다. 넷이 아닌 셋의 시간이, 그렇게 시작되고 있었다.

이별이 다정할 수 있다면

서랍장을 뒤적이다 보면, 찾고 있던 물건 대신 잊고 지냈던 것들이 불쑥 튀어나올 때가 있다. 아이의 흔적을 발견하는 순간, 손끝이 얼음처럼 굳어버린다. 무엇을 찾으려 했는지는 흐려지고, 눈길과 생각이 온통 그곳에 붙들린다. 작고 소소한 것들 속에도 서진이의 목소리는 깃들어 있었다. 나직한 말투, 웃음소리, 투정 같은 것들이 아지랑이처럼 피어올랐다.

서진이는 아이돌 그룹 라이즈를 좋아했다. 용돈을 탈탈 털어 한 장씩 모은 포토카드는, 어느새 작은 앨범을 채웠다. 바인더를 열 때마다 접혀 있던 말들이 깨어났다.

"엄마, GS25에서 택배 좀 찾아줘요."

"엥? 왜 거기로 왔대?"

"포카 반값택배 도착했어요."

"아니, 너는 반값 내고, 엄마 노동력은 공짜냐."

"노노. 반값택배 좋아요. 부탁합니다. 어머니."

학교에 있던 아이에게서 지령처럼 문자가 오면, 나는 곧장 편의점으로 가 택배를 찾아왔다. 처음엔 누가 누군지도 몰랐다. 낯모를 얼굴들이 눈에 익어갈 즈음, 포토카드는 100장이 넘었고 포카북은 주인을 잃었다. 볼 때마다 덩그러니 놓여 있는 모습이 쓸쓸했다. 새 주인을 찾아주는 게 맞겠다는 생각이 들었다. 서진이 친구들에게 건네기엔, 가라앉아 있던 감정에 불쑥 돌을 던지는 일 같아 조심스러웠다. 결국 당근마켓에 올리기로 했다.

"라이즈 포카북 나눔 합니다."

올리자마자, 메시지 알림이 터지는 팝콘처럼 수없이 튀어올랐다. 당근마켓을 자주 쓰지 않던 나는 순간 멈칫했지만, 가장 먼저 온 메시지를 눌렀다.

"혹시 제가 있는 쪽으로 와주실 수 있을까요? 차비는 2만 원 드릴게요."

"네. 그럴게요."

약속은 잡아두었지만, 밤이 깊어지자 생각이 헝클어졌다. 잠들기 전에 취소 문자를 보냈다.

"죄송합니다. 나눔이 어렵겠어요."

곧바로 답이 왔다.

"왜요? 너무 멀어서요?"

"그런 건 아니고요. 그냥 가지고 있으려고요."

잠시 후, 다시 메시지가 도착했다.

"아… 저 친구 생일 선물 준다고 벌써 말해놨는데요… 꼭 갖고 싶어요!"

어린 친구일 텐데, 말투며 매너가 참 좋았다. 차분하고 단정한 어투가 서진이를 닮았다. 부탁이 이어질수록, 어쩔 줄 모르겠던 마음도 조금씩 풀려갔다.

그래, 좋아해 주는 사람에게 가는 게 맞겠지.

집을 나서기 전 마지막으로 식탁 위에 꺼내둔 포카북을 쓸어보았다. 새 주인에게 보내줄 준비가 되었다.

약속 장소에는 단발머리 소녀가 와 있었다. 중학생일까 싶은 앳된 얼굴. 눈이 마주치자 우리는 수줍게 웃었다. 포카북을 건네자, 소녀가 보라색 봉투를 내밀었다.

"차비예요. 감사합니다."

사라지는 뒷모습이 왠지 웃고 있는 것처럼 보였다. 손바닥만 한 봉투를 선물처럼 받아 들고 차에 올랐다.

서진이가 떠난 뒤로는 교복 입은 여자아이들을 피해 다녔다. 등하교 시간엔 일부러 밖에 나가지 않았다. 몇 달 만에 마주

한 학생이었는데, 생각보다 내 마음은 괜찮았다. 까만 눈동자가 반짝이는 그 소녀는, 서진이보다도 포카북을 오래 간직해 줄 것이다.

봉투를 열자, 5만 원권 한 장이 꼬깃하게 접혀 있었다. 거둬들였다가 다시 보내기로 결심한 마음에 대한 인사 같았다.

서진아. 네 라이즈 오빠들, 예쁜 동생에게 보냈어. 잘했지?

차창 너머 흘러가는 거리를 바라보았다. 감정은 결코 한 가지 색으로만 칠해지지 않는다. 슬픔이 가슴을 베어도, 그 자리에 새순 같은 희망이 피어난다. 앞으로 나아가려다, 또 어떤 생생한 기억 앞에 주저앉기도 한다. 울면서 웃고, 붙잡고 싶으면서도 놓아주며 오늘을 살아가고 있다.

전영애 교수의 《인생을 배우다》에는, 저자가 독일 친구 에리카의 부음을 듣고 그녀의 집을 방문한 이야기가 나온다. 가족들의 환대를 받으며 문상을 마치자, 에리카의 형제들은 유품 하나를 골라 가라고 권한다. 저자는 잠시 머뭇거리다 작은 유리공 하나를 집는다. 저자가 독일에 머무는 동안, 그 유리공은 늘 그녀의 손안에 있었다. 지금도 유리공은 한국에 있는 저자의 책장 위에 놓여, 빛을 받아 반짝이고 있다. 유품을 간직한다고 빈자리가 채워지지는 않겠지만, 쓸쓸함이 조금은 덜어졌다는 저자의 문장이 자주 생각났다.

서진이의 마지막 또한 부드럽고 따뜻했더라면. 그 간절한 바람을 나는 오랫동안 쥐고 있었다. 모든 게 순식간이어서 아무 준비도 하지 못한 채 아이를 떠나보냈다. 숨을 고르는 일조차 버거워 소식을 전하지 못한 이들도 많았다. 장례식장은 슬픔이 냄새처럼 눅진하게 배어 있었다. 그런 방식은 우리에게 지나치게 냉혹했고, 내가 원한 모습도 아니었다. 그래서였을까. 다정한 말들이 흐르고, 웃음 어린 기억들이 은은히 번지는 자리를 꿈꾸게 되었다. 형식적인 추도회가 아니라 서진이를 사랑하는 사람들이 모여 서진이를 기억하고 서로의 안부를 묻는 자리. 서진이의 결처럼 밝고 사랑스러운 하루가 될 것이다.

서진이는 생일파티를 손꼽아 기다리던 아이였다. 그날만큼은 주인공이 되어 기쁨으로만 하루를 채우고 싶어 했다. 돌아보면, 한 해도 빠지지 않고 아이를 위한 크고 작은 파티를 준비해주었다. 아이는 크리스마스도 유난히 좋아했다. 트리는 낭만을 더해야 했고, 선물은 꼭 있어야 했다. 기다림까지도 설렘이 되어야 했다. 서진이는 자신의 마지막도 그렇게 빛나고 특별하기를 바랐을 것이다. 슬픔이 어린 사랑으로, 누군가의 마음에 남는 사람으로. 생일처럼, 크리스마스처럼.

막연히 품은 바람을 내 친구들에게 털어놓자, 모두가 정말 좋은 생각이라며 입을 모았다.

우리는 늦게나마 서진이를 위한 자리를 만들고 있다. 서진이가 좋아하던 디저트를 준비하고, 자주 흥얼거리던 노래를 틀 것이다. 어릴 적부터의 모습이 차곡차곡 담긴 사진첩들을 펼쳐두고, 정리할 수 없던 서진이의 물건들도 조용히 꺼내놓아야지. 가지고 싶은 것이 있으면 망설이지 않고 친구들이 가져갈 수 있도록. 래퍼 오빠는 동생을 위해 만든 곡을 부르고, 친구들은 웃음 섞인 편지를 낭독할 것이다. 무엇보다도 나는 서진이의 친구들에게 시간을 돌려주고 싶다. 충분히 울지 못한 채 일상에 밀려 살아온 아이들에게 말해주고 싶다.

서진이를 아픔으로만 기억하지 않아도 된다고.

자주 연락을 주던 친구 윤아의 문자를 받은 날, 그 바람은 한층 명확해졌다.

"고3 생활이 바빠 서진이가 예전만큼 자주 생각나지 않아요. 그런 제가 실망이고, 서진이에게 미안해요. 서진이는 우리가 자기를 잊어주길 바랄까요, 영원히 기억해 주길 바랄까요. 그 마음을 아직도 모르겠어요."

그 말엔, 주저할 이유가 없었다. 나는 답장을 보냈다.

"괜찮아. 자주 떠올리지 않아도 돼. 너답게 살아가는 게, 서진이가 진짜 바라는 일이야."

그것이 남은 우리가 걸어가야 할 방향이기도 했다. 서진이가 누구의 마음에도 쓸쓸한 바람으로 머무르지 않기를. 기억할수록 아픈 존재가 아니라, 살아갈 용기가 되는 존재로 남았으면.

이제, 우리만의 방식으로 아이를 다시 한 번 보내줄 그날을 준비하고 있다. 끝내 지키지 못했지만, 끝까지 사랑하겠다는 다짐을 담아.

그날, 나도 용기 내어 딸에게 말할 것이다.

너는 엄마의 끝없는 슬픔이어서는 안 돼. 끝없이 번져가는 사랑이었으면 해. 어디서든, 너의 빛과 나의 빛이 서로를 향해 비출 수 있기를.

세상에서 가장 긴 편지

이건 세상에서 가장 긴 편지야, 서진아.
하루도 너를 쓰지 않은 날이 없었어.
1년 동안 너를 쓰며 시간을 걸었어.

너는 참 자주 편지를 썼었지.
"미안해요"로 끝나는 글이 많았는데,
나는 답장을 건네지 못했어.
생일 카드에도, 반성문 같은 엽서에도
대답을 해야 했다는 걸, 그땐 몰랐어.
답하지 못한 내 마음이
이제야 이렇게 늦은 글이 되었어.

너의 마지막 편지를 수백 번도 넘게 읽었어.

글에는 마음이 들어 있잖아.

글 안의 너는 작고 아프고 연약했지.

얼른 그 속으로 들어가 꼭 안아주고 싶었어.

그럴 수 없어서, 자꾸만 다시 읽었어.

"그리워 말고 추억해 주세요."

쪼그만 아이가 그리움과 추억의 차이를 어떻게 알았을까.

애늙은이처럼 모르는 게 없어서 더 살기 힘들었던 걸까.

너의 바람대로 엄마는 너를 추억으로 품으려고 해.

엄마 취미가 포토북 만들기였잖아.

20개국, 40개 도시를 누비며 함께한 시간이

쉰 권의 책으로 남았어.

아빠는 또 어떻고.

태어난 날부터 지금까지 빠짐없이 모아두었어.

엄마가 언제 적 너를 보고 싶다고 말만 하면 아빠는 금세 찾아줘.

우리에겐 너를 추억할 조각들이 참 많아.

그거 알아?

사진 속 너는 언제나 웃고 있어.

지금도 어딘가에서

그 반달눈, 샤샤삭 올라간 입꼬리, 예쁜 잇몸을 보이며

웃고 있겠지?

우리는 너의 바람대로 살아가고 있어.

때로는 생각해.

너는 엄마가 이겨낼 거라고 믿었던 거지?

힘들 때 서로 기대며 다시 일어서라는 너의 뜻대로

우리는 단단하게 뭉쳤어.

눈물 속에서 더 끈끈해졌어.

서로의 등을 얼마나 두드렸는지 몰라.

그동안 누렸던 일상이 얼마나 소중한 건지,

네가 우리에게 준 웃음이 얼마나 큰 사랑이었는지

너 없는 삶을 통해 배우고 있어.

아빠는 새 차를 샀어.

아재개그를 받아줄 네가 없어서 한동안 풀이 죽어 있었지만,

요즘은 차를 닦으며 조금씩 생기를 되찾는 것 같아.

얼마나 광을 내는지 차를 닦는다기보다 도를 닦는 것 같아.

운동도 더 자주 나가.

널 보낼 용기

엄마와 달리 집에 가만히 있지를 않아.

아빠가 외향형이고, 엄마가 내향형인 건 진짜 반전이지 않니.

가만있으면 네 생각이 나는지 아빠는 계속 움직여.

네가 '홍대병'이라 놀리던 펭귄 오빠는 카투사가 되었어.

발표 날, 오빠를 안고 울면서 콩콩 뛰었어.

오빠가 놀라서 "엄마, 왜 울어요?" 묻는데

"그냥… 좋아서"라고 했어.

계속 아플까 봐 숨 막히던 시간에

단비처럼 내린 소식이었거든.

오빠는 너를 생각하며 곡도 만들었어.

음악으로 너를 부르는 것 같아.

해리는 여전히 간식 줄 때만 살갑게 굴어.

너의 해리 사랑에 대해 우리는 한참 토론을 했어.

우리에게 남긴 마지막 편지에 외할머니에겐 한 줄,

해리에게는 세 줄이나 썼잖아.

외할머니 서열이 강아지 밑이라며 다 같이 웃었어.

산책하다 해리가 달려가는 사람을 보면

너를 닮았을 때가 많아.

가끔은 해리도 너 없는 걸 아는지 궁금하기도 해.

너는 사람뿐만 아니라 모든 생명에게도 다정했어.
네 덕분에 병아리도 못 만지던 엄마가
길고양이에게 밥을 주고, 유기견 네 마리를 구조해서
입양도 보냈잖아.
제리, 릴리, 벨라, 데이지.
그 아이들에게 새로운 가족을 찾아주었던 경험은
엄마의 세계가 넓어지는 순간이었어.
너 아니었으면 엄마는 아직도 내 울타리 안만 챙기고
살았을 거야.
너를 따라 걷다 보니 엄마는 더 따뜻한 사람이 된 것 같아.

너는 여전히 나를 성장시키고 있어.
언제나 내 한계를 끊임없이 넘게 하는 나의 조련사야.
엄마는 조금 더 차분해졌고 인내할 줄도 알게 되었어.
이것이 끝이 아니라고 스스로 되뇔 수 있게 되었어.

글을 쓰는 내내 네가 너무 보고 싶어 아프기도 했어.
너에게 다가가고 싶어서 용기를 냈어.

네가 어떤 삶을 바랐는지, 어떤 말을 남기고 싶었는지
이제는 아주 희미하게나마 알 것 같아.
네가 그리울 때면 네가 그렇게도 올려다보던 하늘을 봐.
그리고 길을 나서.

누군가 쌓아 올린 돌탑에도,
저 홀로 핀 들꽃에도,
동네 개울에 내려온 노루에게도
엄마는 늘 너의 안녕을 빌어.
바람이 스치는 순간마다,
발걸음이 닿는 곳곳마다
부디 평안하길.

사랑하는 나의 아가.
우주의 시간에서 보면 우리의 시간은
모두 작은 점일 뿐이야.
너는 너로서 너의 빛을 다했고,
엄마의 우주 안에서 영원히 반짝일 거야.
열일곱 해가 짧았다고 한탄하지 않을게.
선물같이 너를 안을 수 있었던 그 시간들에 감사할게.

엄마 딸이 되어줘서 고마워.

서진아, 온 마음 다해 사랑한다.

우리 좋은 날, 좋은 곳에서 다시 만나.

널 보낼 용기

첫판 1쇄 펴낸날 2025년 11월 11일
    2쇄 펴낸날 2025년 12월 10일

지은이 송지영
발행인 조한나
책임편집 김유진
편집기획 김교석 문해림 김하영 박혜인 함초원 정현
디자인 한승연 성윤정
마케팅 문창운 백윤진 김민영
회계 양여진 김주연

펴낸곳 (주)도서출판 푸른숲
출판등록 2003년 12월 17일 제2003-000032호
주소 서울특별시 마포구 토정로 35-1 2층, 우편번호 04083
전화 02)6392-7871, 2(마케팅부), 02)6392-7873(편집부)
팩스 02)6392-7875
홈페이지 www.prunsoop.co.kr
페이스북 www.facebook.com/prunsoop   **인스타그램** @prunsoop

ⓒ송지영, 2025
ISBN 979-11-7254-090-6(03810)

* 이 책은 저작권법에 의해 한국 내에서 보호를 받는 저작물이므로
  무단전재와 복제를 금합니다. 이 책 내용의 전부 또는 일부를 사용하려면
  반드시 저작권자와 ㈜도서출판 푸른숲의 동의를 받아야 합니다.
* 잘못된 책은 구입하신 서점에서 바꾸어 드립니다.
* 본서의 반품 기한은 2030년 12월 31일까지입니다.